新时代社会主义核心价值观教育对道德治理的价值研究

李文盛◎著

吉林大学出版社
·长春·

图书在版编目（CIP）数据

新时代社会主义核心价值观培育对道德治理的价值研究 / 李文盛著. -- 长春 : 吉林大学出版社, 2024. 9.
ISBN 978-7-5768-3905-0

Ⅰ. D648.3

中国国家版本馆CIP数据核字第20241V6R64号

书　　名：新时代社会主义核心价值观培育对道德治理的价值研究
XINSHIDAI SHEHUI ZHUYI HEXIN JIAZHIGUAN PEIYU DUI DAODE ZHILI DE JIAZHI YANJIU

作　　者：李文盛
策划编辑：张宏亮
责任编辑：张宏亮
责任校对：殷丽爽
装帧设计：雅硕图文
出版发行：吉林大学出版社
社　　址：长春市人民大街4059号
邮政编码：130021
发行电话：0431-89580036/58
网　　址：http://www.jlup.com.cn
电子邮箱：jldxcbs@sina.com
印　　刷：廊坊市海涛印刷有限公司
开　　本：787mm × 1092mm　　1/16
印　　张：10
字　　数：190千字
版　　次：2024年9月　第1版
印　　次：2025年3月　第1次
书　　号：ISBN 978-7-5768-3905-0
定　　价：72.00元

前言

党的十八大，对社会主义核心价值体系作出抽象性概括与高度凝练，形成社会主义核心价值观，即“倡导富强、民主、文明、和谐，倡导自由、平等、公正、法治，倡导爱国、敬业、诚信、友善”①。2013 年 12 月，中共中央办公厅印发《关于培育和践行社会主义核心价值观的意见》（中办发〔2013〕24 号），进一步将“三个倡导”明确阐释为“富强、民主、文明、和谐是国家层面的价值目标，自由、平等、公正、法治是社会层面的价值取向，爱国、敬业、诚信、友善是公民个人层面的价值准则，这 24 个字是社会主义核心价值观的基本内容，为培育和践行社会主义核心价值观提供了基本遵循”②。由此实现国家、社会、公民个体的价值观“三棱体”，三者相互依托、相得益彰。党和国家高度重视社会主义核心价值观的培育与践行工作，并且注重利用法律、制度等硬性规范强化社会主义核心价值观教育活动，以提升教育实效性。党的十九大强调，“社会主义核心价值观是当代中国精神的集中体现，凝结着全体人民共同的价值追求”③。党的十九届六中全会更是将积极推动社会主义核心价值观教育常态化、制度化、法治化等，作为党的百年文化建设经验总结与今后国民素质提升的努力方向写入《中共中央关于党的百年奋斗重大成就和历史经验的决议》中。

新时代，新征程。党的二十大开启了新时代中国共产党团结带领全国各族人民

---

①胡锦涛. 坚定不移沿着中国特色社会主义道路前进 为全面建成小康社会而奋斗：在中国共产党第十八次全国代表大会上的报告（2012 年 11 月 8 日）[M]. 北京：人民出版社，2012：31－32.

②关于培育和践行社会主义核心价值观的意见 [M]. 北京：人民出版社，2013：4.

③习近平. 决胜全面建成小康社会 夺取新时代中国特色社会主义伟大胜利：在中国共产党第十九次全国代表大会上的报告 [M]. 北京：人民出版社，2017：42.

新的使命任务，以中国式现代化全面推进中华民族伟大复兴，向第二个百年奋斗目标奋勇前行。社会主义核心价值观作为当代中国价值理想的“最大公约数”，是全体社会成员广泛认同的价值共识，是中华儿女历经千百年实践探索筛沥出的价值精华，对于指导新时代中国特色社会主义现代化建设具有重要意义。新时代广泛开展社会主义核心价值观培育与践行工作，是中国特色社会主义文化建设的重要一环，也是不断提升国家文化软实力和中华文化影响力的有力抓手。党的二十大明确要求，“全面建设社会主义现代化国家，必须坚持中国特色社会主义文化发展道路，增强文化自信，围绕举旗帜、聚民心、育新人、兴文化、展形象建设社会主义文化强国，发展面向现代化、面向世界、面向未来的，民族的科学的大众的社会主义文化，激发全民族文化创新创造活力，增强实现中华民族伟大复兴的精神力量”①。

社会主义核心价值观内蕴当代中国精神文明建设的价值规范、价值取向、价值理想，是新时代国家治理、社会治理、道德治理的价值内核，它明确规定新时代全体社会成员应普遍遵循的道德规范、制度要求、法律规范等，以善、恶、优、劣的规范性要求，进一步阐释当代中国何者可为、何者不可违的权利与义务要求，呈现出在构建良善社会秩序体系、推动治理能力现代化实践过程中的价值取向及价值理想追求。社会主义核心价值观培育是道德治理的有力抓手，社会主义核心价值观诉诸道德治理坚实的价值共识及共同的价值理想，为新时代道德治理提供明确的核心价值观要义。它作为一种价值核心内在地规定着新时代道德治理的目标任务、实践要求、制度规范体系、评价机制等，同时社会主义核心价值观培育在提升全社会文明程度，提高人民道德水准和文明素养等方面发挥重要的作用。以社会主义核心价值观培育助力新时代道德治理体制机制建设及治理能力、治理效力提升，是新时代我国社会治理共同体建设的重要任务，也是全面建设社会主义现代化强国的题中之义。新时代，从价值之维、文化之维、历史之维、实践之维等方面，阐释社会主义核心价值观培育同推进道德治理的内在逻辑关联、基本内容构成及实践路径，对于

①习近平. 高举中国特色社会主义伟大旗帜 为全面建设社会主义现代化国家而团结奋斗：在中国共产党第二十次全国代表大会上的报告［M］. 北京：人民出版社，2022：42－43.

提升社会主义核心价值观教育实效性、夯实道德治理价值理想、价值规范，助力道德治理长效和谐有序具有重要意义。

本书共从五个方面具体阐释新时代社会主义核心价值观培育对道德治理价值研究的理论逻辑、历史逻辑及实践逻辑蕴含。

第一章是社会主义核心价值观的理论内涵阐释。该部分具体阐释社会主义核心价值观的国家层面、社会层面、公民个人层面三方面社会核心价值要求。从价值理想、价值取向、价值规范三方面将其内在规定的核心价值观念，以马克思主义关于社会主义核心价值观建设要求为指导，并融合中华民族优秀传统价值观念，明确阐释新时代社会主义核心价值观的基本理论内涵、丰富内容及科学化实践要求。

第二章是培育社会主义核心价值观的时代价值。该部分主要从坚持德法并举，形塑价值规范；弘扬中国精神，凝聚共同共识；坚定文化自信，铸就价值理想三个方面具体阐释新时代培育社会主义核心价值观的重要意义。一是从社会主义核心价值观对于形塑新时代价值规范、制度秩序等方面的重要意义出发，论述社会主义核心价值观是当代中国共同的思想道德基础，是当代中国社会主义法治建设的价值领航，是新时代社会治理现代化发展的内在精神动力。二是从社会主义核心价值观对于凝聚价值共识、培育时代新风貌等方面的重要意义出发，论述社会主义核心价值观是当代中国精神的集中体现，是凝聚人心、汇聚民力的强大力量，是巩固马克思主义意识形态阵地的有力抓手。三是从社会主义核心价值观对于推进文化自信自强、巩固全党全国各族人民团结奋斗的共同思想基础等方面的重要意义出发，论述社会主义核心价值观是筑牢中国特色社会主义共同理想的必然要求，是推进中国式现代化建设的精神滋养，是建设中华民族现代文明的内生活力。

第三章是新时代社会主义核心价值观培育链接道德治理的逻辑关联。该部分主要从道德治理的科学内蕴、基本特点，以及社会主义核心价值观培育同道德治理的逻辑理路具体分析二者的价值意义，并进一步揭示出社会主义核心价值观培育对道德治理的时代价值。新时代充分利用社会主义核心价值观培育与践行契机，不仅能够明确全体社会成员普遍遵循的价值规范、价值取向、价值理想，而且以社会主义核心价值观为价值导向，是推进道德治理实现，以及提升道德治理实效性与长久性的有力抓手，它以一种精神文明滋养渗透新时代道德治理全过程。新时代社会主义核心价值观培育对道德治理的时代价值，主要体现在提升道德治理主体基本涵养、营造良好道德治理社会氛围、助力道德治理长效持久发力、保障道德治理体制机制优化提升、建设中华文明道德治理新秩序等方面。

第四章是新时代社会主义核心价值观培育助力道德治理实现的路径探寻。该部分主要从树立社会主义核心价值观培育的科学理念、健全社会主义核心价值观培育的有序机制、创造社会主义核心价值观培育的良好环境、打通社会主义核心价值观培育的连接环节、形成社会主义核心价值观培育的主体合力等方面具体论述。在社会主义核心价值观培育过程中，遵循系统性、科学性、人本性等观念，以科学、严谨的顶层设计充分融入多姿多彩的现实生活，以更为生活化、实践化、制度化的方式夯实新时代社会主义核心价值观培育的规范体系、有序机制、良善环境，将社会主义核心价值观培育工作落细、落小、落实，进一步提升社会主义核心价值观教育的科学性与实效性。同时，积极联结社会各方培育主体，充分发挥各方主体培育优势，努力推进学校、家庭、社会教育一体化建设，助力社会道德治理体系与治理能力现代化实现。

第五章是新时代社会主义核心价值观培育制度化的哲学阐释。该部分以马克思主义唯物史观为哲学基础，立足新时代社会主义核心价值观培育的使命任务与实践要求，重点阐释社会主义核心价值观培育制度化的内在逻辑理路、基本内容构成及现实路径探寻。社会主义核心价值观教育制度化是新时代培育社会主义核心价值观的一个重要命题，蕴含深刻的马克思主义唯物史观意蕴。新时代社会主义核心价值观教育制度化是将社会主义核心价值观作为新时代社会成员交往实践的价值规范尺度及价值理想性追求，达成社会主义核心价值观教育目的、过程、结果的向善性、规范性、正义性追求，以规则、规范、规章、制度等形式将其呈现在国民教育活动中，以此维护新时代社会发展条件下全体社会成员共有的精神家园及交往诉求，最大限度地激发自我内在价值自觉同社会集体价值规范相协调的制度性力量。新时代社会主义核心价值观教育制度化在加强社会主义意识形态建设、建设中华民族现代文明和社会主义文化强国、推进新时代社会治理体系及治理能力现代化、促进满足人民文化需求和增强人民精神力量等方面具有重要意义。新时代，要以完善的结构体系、科学的实施方法、规范的承接载体、稳定的运行机制，进一步探寻社会主义核心价值观教育制度化实践路径。

在撰写本书的过程中，笔者参考了大量的学术文献，得到了一些学者的帮助，在此表示真诚的感谢，由于笔者水平有限，书中难免有不足之外，希望广大同仁及时指正。

李文盛

2024 年 8 月

目 录

第一章 社会主义核心价值观的理论内涵阐释

价值观是人们关于价值问题的总的看法和根本观点，社会核心价值观是一个社会所展现出的民众共有价值观念，是全体社会成员价值观的“最大公约数”。社会核心价值观集中阐释着一个社会明确的价值规范、价值取向及价值理想，对全体社会成员给予明确的何者为善、何者为恶的价值认知、价值判断及价值实践性要求，以一种抽象性的思维意识指导着人们的生活实践与社会交往。核心价值观是一定社会形态的集中反映，呈现国家发展的价值目标与人民大众普遍认同的价值追求，在思想观念中起着主导作用，并在一定程度上影响国家发展和社会发展的基本方向。核心价值观是民族文化生生不息、接续发展的历史结晶，是全体社会成员普遍的价值追求，既是历史的沉淀，又是人民的选择。

每个时代有每个时代的核心价值、精神向往，每一个社会的核心价值观教育必须立足国家整体发展的战略高度，统筹国家、社会发展的各项事业，实现国家、社会、个体三者价值观教育的有机统一。“社会主义核心价值观是凝聚人心、汇聚民力的强大力量”①，新时代围绕满足人民美好生活向往、发展中国式现代化建设目标，要积极探索社会主义核心价值观培育与践行的系统内容与科学手段，“把社会主义核心价值观融入法治建设、融入社会发展、融入日常生活”②。新时代，围绕实现人的全面发展根本目标，满足社会主义现代化强国战略目标与社会高质量发展任务要求，要深刻把握社会主义核心价值观的科学内涵与时代要义。

---

①习近平. 高举中国特色社会主义伟大旗帜 为全面建设社会主义现代化国家而团结奋斗：在中国共产党第二十次全国代表大会上的报告［M］. 北京：人民出版社，2022：44.

②同上。

第一节　国家层面的社会主义核心价值观理论阐释

“富强、民主、文明、和谐”作为社会主义核心价值观中国家层面的价值目标，明确我们要建设什么样的国家、推行什么样的社会制度。国家层面的价值目标建设，是国家建设、社会发展的根本价值导向，并通过实现这样的价值目标而进一步凝聚社会与人民的力量，塑造大众普遍认同的国家形象。同时，社会主义核心价值观国家层面的价值目标，以更加明晰的理想追求，为新时代全体社会成员阐释国家经济文明、政治文明、精神文明、社会文明及生态文明“五位一体”发展战略要求及时代任务，是社会主义核心价值观的社会层面与公民个体层面价值要求的统领。

富强，是社会主义核心价值观国家层面的首要价值目标，它不只是简单地映射经济领域发展的高指标，更是国家综合实力强盛的特征之一。从中国共产党领导中国革命、建设与改革的历史经验来看，社会主义国家层面的富强目标，可诠释为富裕、强健。富裕包含社会生产能力高效、强劲，能够满足社会各方面发展需求，特别是在改善人民生活条件等方面展现出较大优势；强健则是展现出国家发展的内在活力，如同中国古人对武术精神的追求，不仅要强身健体、强筋健骨，更要内外兼修、彰显正气，呈现自强不息的大国风范。如今，中国已发展成为全球第二大经济体，在科技创新、人才储备、文艺创作等方面展现出前所未有的张力与活力，而且中国在脱贫攻坚、保障民生、实现可持续发展等方面为世界各国提供中国方案并展现了中国智慧。中国经济、科技、综合实力的提升，为其他各项事业的发展与优化奠定坚实物质基础，也为新时代社会主义核心价值观教育提供更为优秀的物质前提、技术手段及自信心。“经济问题是压倒一切的政治问题。”[①] 没有强劲的、坚实的物质基础、物质保障，其他的一切精神文化追求都将是空谈。例如，马克思主义唯物

①邓小平．邓小平文选：第二卷［M］．北京：人民出版社，1994：194.

史观所证，经济基础决定上层建筑。新时代的中国需要更高质量的发展，这就需要调动更多、更大的主动性与积极性，努力提升人民生活质量与幸福指数，“让人民共享经济、政治、文化、社会、生态等各方面发展成果，有更多、更直接、更实在的获得感、幸福感、安全感，不断促进人的全面发展、全体人民共同富裕”[①]；而这也将成为新时代中国发展的主要方向，从较大程度上将国家历史、国家发展同人民幸福、人民利益联结起来。

根据《中华人民共和国宪法》第一条的规定，“中华人民共和国是工人阶级领导的、以工农联盟为基础的人民民主专政的社会主义国家，社会主义制度是中华人民共和国的根本制度。中国特色社会主义最本质特征是中国共产党的领导。禁止任何组织或者个人破坏社会主义制度”。自 1919 年五四运动喊出“民主”与“科学”口号之时，中国人民对民主的价值追求已成为时代所需。在那个血雨腥风、人性压抑的动荡时代，中国外无国际地位，内无人民幸福，中国共产党将实现人民民主作为己任，奋力扛起实现国家富强、人民民主的解放大旗。马克思与恩格斯在《共产党宣言》中，系统地阐述了人类社会（自原始土地公有制解体以来）的全部历史都是阶级斗争的历史，并揭示出阶级社会存在的统治与被统治、剥削与被剥削的阶级关系本质，强调社会主义社会是由无产阶级作为统治阶级的社会，是用暴力革命打倒一切剥削阶级统治的社会，它使每一社会成员都将从社会剥削、压迫与斗争中解放出来，真正成为社会的主人，“在那里，每个人的自由发展是一切人的自由发展的条件”[②]。在我国，中国共产党始终将保障人民根本利益、满足人民福祉作为一切工作的出发点，并将“人民满意不满意、人民答应不答应、人民高兴不高兴”作为一切工作的评判标准。现实来看，社会主义的民主意指人民当家作主，是人民基于自身生存与发展利益作出的价值判断与价值选择，大家的事情由大家做主，社会主义人民民主不仅从根本上保证了国家建设事业的发展方向，保障人民根本利益，而且进

①习近平．习近平谈治国理政：第三卷［M］．北京：外文出版社有限责任公司，2020：183.

②马克思，恩格斯．马克思恩格斯文集：资本论（第二卷）［M］．中共中央马克思恩格斯列宁斯大林著作编译局，译．北京：人民出版社，2009：53.

一步助推着人民自由而全面地发展。“发展社会主义民主政治就是要体现人民意志、保障人民权益、激发人民创造活力，用制度体系保证人民当家作主”①。一般意义上的民主，主要是从政治制度层面上讲的，即对人民自由权利与义务的法律层面的规定与制度保障。作为价值观念，民主同自由、公正、平等、人权等价值追求密不可分，是国家利益同公民个体利益相统一的现实桥梁。民主作为国家层面的核心价值观，一方面体现社会主义国家的本质规定，即满足人民利益、保障人民权益、人民幸福的内在追求，是国家政治制度的内在价值规定；另一方面呈现出国家对提升国民素质、公民责任担当意识的现实所需，民主制度的实践与发展更需要人民内在的民主精神、公民主人翁精神的培养与塑造，反映人民对社会主义国家、中国共产党的热爱。

文明，是人类社会进步的标尺，也是社会主义现代化国家发展的重要特征。“文明”一词最早出现在法国政治家奥诺莱·加里布埃尔·米拉波（Honore-Gabriel Mirabeau）所著的《人口论》，意指某事物发展的一种先进状态，用于国家、社会时表示发展的现代化、开明化状态，描述人时则表示为举止文明优雅、素质程度较高、“有教养”的状态。一般而言，文明是人创造的，是人如何展现自我“人”性的发展过程，表现为人们脱离动物野蛮、自然属性，契合人发展的社会属性及精神理性的状态。

近代以来，一些西方国家依托科学技术带动生产发展的优势，逐步建立起资本主义国家制度。这些“文明”的资本主义国家，一方面对国内无产阶级展开残酷剥削，人逐渐成为生产工具的附庸，进一步造成工人在精神上的空虚，价值观念的极度缺失及理想追求的堕落，人的自由而全面发展逐渐成为异己的畸形化发展，“工人的产品越完美，工人自己越畸形；工人创造的对象越文明，工人自己越野蛮”②。另一方面，统治阶级不仅无限制地开采自然资源，而且声势浩大地发起对外殖民侵略

①习近平．习近平谈治国理政：第三卷［M］．外文出版社有限责任公司，2020：28．

②马克思，恩格斯．马克思恩格斯文集：资本论（第二卷）［M］．中共中央马克思恩格斯列宁斯大林著作编译局，译．北京：人民出版社，2009：158．

扩张运动，宣称给未开化的民族与国家送去民主与自由、传递“人类文明”。

相较于资本主义文明，社会主义文明是一种没有等级差异、没有阶级剥削的发展进程，是迄今为止人类历史发展最高级别的文明形态。社会主义社会中的文明，是人能够全面发展、自由支配自我活动、能够较高体现人性光辉与自我价值的文明，在这一意义上，文明不单是社会秩序、个体素质的指标，而是国家现代化综合治理能力与成效的体现，涵盖国家政治、经济、社会、文化、生态等多重属性的综合性指标。中国共产党在带领中国人民奋斗的百年史中，植根中国大地，以中华优秀传统文化和马克思主义为“根”与“魂”，逐渐形成中国特色社会主义文明价值观与文明形态。党的十九届六中全会审议通过的《中共中央关于党的百年奋斗重大成就和历史经验的决议》指出，“党的百年奋斗深刻影响了世界历史进程……党领导人民成功走出中国式现代化道路，创造了人类文明新形态，拓展了发展中国家走向现代化的途径”①，为人类文明贡献中国智慧。新时代中国特色社会主义文明价值观赋予“文明”更多新含义，更加形象地表征出人与社会、人与自然、人与世界、人与自我的独特意蕴，同时积极“推动物质文明、政治文明、精神文明、社会文明、生态文明协调发展，创造了中国式现代化新道路，创造了人类文明新形态”②。目前，国家层面的“文明”价值目标，不仅是社会主义现代化建设事业的衡量指标，而且也正成为中国走向世界舞台的亮丽名片，使这一有着灿烂文明的东方大国逐渐焕发出新的活力。

国家层面的和谐价值追求不仅是社会主义国家建设的必然要求，而且是中华民族灿烂文明的重要内容，它不仅体现着国家各项事业发展的和谐有序、发展环境的生机盎然，而且进一步规定着国家发展同生态文明建设的有机统一，即实现人与人、社会、自然相处的和合之美。值得一提的是，新时代中国正将内蕴和谐价值追求的“天下一家”“命运与共”精神传向世界各国，成为新时代中国智慧与中国方案的重

①中共中央关于党的百年奋斗重大成就和历史经验的决议［M］. 北京：人民出版社，2021：64.

②习近平. 在庆祝中国共产党成立 100 周年大会上的讲话［M］. 北京：人民出版社，2021：13－14.

要内容之一。马克思主义认为，“现实的个人”本质上不是孤立的、抽象的，更不是“离群索居”、固定不变的“原子化自我”，而是“一切社会关系的总和”①。人们为满足自身利益需求，要尽可能地减免对峙与冲突，为此人们在交往实践活动中生成各种社会关系以保障各自利益的平稳获得。中华民族自古以来就崇尚“和合文化”，从“协和万邦”的思想，到“天下为公”的“大同”世界，从“和而不同”到“礼之用，和为贵”的实践准则，无不蕴含古人对人、族群、自然等相生相依的和谐价值追求。和谐作为国家现代化发展的价值追求，不仅是经济、政治、文化、社会、生态等领域协调发展的第一要义，而且是人类整体利益发展的现实必需。一是中国特色社会主义社会的生产方式与交往关系与资本主义生产、交往方式截然不同，需要摒弃传统追求经济利益发展的单一模式，而更注重各类发展利益主体间的多元协同，竭力实现人与自我、人与社会、人与自然等全方位的和谐发展，特别是要转变发展同自然相对抗的传统模式，明确生态环境保护对于国家发展的重要意义。二是要在社会发展进程中更加关注人的发展、注意人同社会关系的和谐统一，不能以牺牲一部分人的利益来换取社会发展，更不能以社会的发展钳制、异化人本身的成长发展规律，这就意味着国家现代化和谐发展模式需要更加注重人文关怀，努力为人的自由而全面发展提供坚实基础与现实平台。三是社会主义现代化国家建设要注意各项事业的和谐相生，实现经济与社会、物质与精神、民主与集中、传统与现代、历史与未来的相互统一，同时，在国际交往中，秉持和平共处的现代化全球治理模式，谴责传统零和博弈观念，树立人类命运共同体思想，倡导全人类的和谐发展、命运与共。和谐不是一种“完成式”，不是一种“结果”，而是一种协调的关系、良好的状态、美好的追求。这种和谐的价值追求，是对人的全面发展的类本质的实现，是其他价值追求的高度统一，具有深远的类似“终极关怀”的善的意义。

①马克思，恩格斯. 马克思恩格斯文集：资本论（第一卷）[M]. 中共中央马克思恩格斯列宁斯大林著作编译局，译. 北京：人民出版社，2009：501.

第二节　社会层面的社会主义核心价值观理论阐释

社会是人交往与生活的主要场所，是人的生产、生活、教育等一系列人与环境交互作用的总和。它既为人现实生存与发展提供条件与空间，也在一定程度上影响人对世界的看法，是价值观教育的重要一环。“自由、平等、公正、法治”构成社会层面社会主义核心价值观基本要义，既契合我国社会主义社会的发展要求，又承接人类文明发展成果，明确阐释当前我们要“建设什么样社会”的重要问题。

自由，是人类漫长历史实践中不断形成的价值理想，它源自人对自我认知、反省的理性化追求，是西方文化对人类文明的重要贡献之一。自由就一般意义而言，它意指人在社会生活中按照自己认知、需要、利益与意志等作出的自主选择与自我价值实现的行为与能力。我国社会层面的自由价值追求，是对马克思主义理论的现实承接，它体现的是绝大多数无产阶级的根本意志，它作为社会主义社会的价值追求是具体的、历史的，更是实质性的自由。如果说无产阶级和人类解放是马克思主义理论的基本主题，那么实现人的自由而全面发展将是马克思主义理论的核心价值追求。个体的自由发展更具本体地位和终极意义，它主要展示于理性思维自觉发展中现实个人的自由个性、自主发展过程中不断塑造的人格尊严，以及追求个人现实幸福的自为行动与发展三个层面。此外，马克思主义理论下的“个人”是以有着各种利益需求、同社会存在普遍性交往、活生生的“现实的个人”为出发点和落脚点的。因此，社会主义社会层面中的自由是一种集体主义的自由，不仅要考虑个体现实利益需要，更要衡量个体同他人、群体等利益关系，考虑个体意识与行为基于社会需要、国家发展的整体利益影响。社会主义核心价值观所倡导的自由，其实质可从三个方面理解：一是追求一种现实的、有效的自由，是合目的性与合规律性的统一，“自由不在于幻想中摆脱自然规律而独立，而在于认识这些规律，从而能够有计划地使自然规律为一定的目的服务”①。抛弃科学认知的现实基础，而任凭个体天马行空的思考与行动必将是徒劳的，人在追求自由的同时应是一个理性的现实个体，是真、善、美的集合体。二是自由的价值追求是责、权、利的统一体，自由权利的实现需要以责任与义务为前提，离开法律、社会规范的保障，只追求个体自我利益实现的自由权利是空想的，“自由就是从事一切对别人没有害处的活动的权利”②。三是个体自由与社会自由的高度统一，社会主义核心价值观既是国家、社会的核心价值追求，更是个体现实生活的价值规范，其中所倡导的自由更是全体社会成员所向往的集体价值追求，是个体自由与集体自由、个体理想与集体理想的现实统一，它指向一个以“每个人的自由发展是一切自由发展的条件”为基本原则的“自由人的联合体”③，而在这一社会中每个人都有人生出彩、梦想成真的机会，都有自我价值实现的现实归途。自由作为社会主义核心价值观社会层面的首要价值追求，不仅是保持社会发展内在活力的需要，更是中国特色社会主义社会的本质要求。“我们要依法保障全体公民享有广泛的权利，保障公民的人身权、财产权、基本政治权利等各项权利不受侵犯，保证公民的经济、文化、社会等各方面权利得到落实，努力维护最广大人民根本利益，保障人民群众对美好生活的向往和追求”④。

平等，是社会层面自由价值追求的延续，一定意义上，平等给予自由更大的价值实现，所谓平等意指人们平等地享有社会权益、履行社会义务。“平等是人在实践领域中对他自身的意识，也就是说，人意识到别人是同自己平等的人，人把别人当作同自己平等的人来对待。平等是法国的用语，它表示人的本质的统一，表示人的类意识和类行为，表示人和人的实际的同一性，也就是说，它表示人同人的社会关

①马克思，恩格斯．马克思恩格斯文集：第9卷［M］．中共中央马克思恩格斯斯大林著作编译局，译．北京：人民出版社，2009：120．

②马克思，恩格斯．马克思恩格斯全集：第一卷［M］．中共中央马克思恩格斯列宁斯大林著作编译局，译．北京：人民出版社，1956：438．

③马克思，恩格斯．马克思恩格斯文集［M］．中共中央马克思恩格斯列宁斯大林编译局，译．北京：人民出版社，2009：53．

④习近平．习近平谈治国理政：第一卷［M］．北京：外文出版社有限责任公司，2018：141．

系或人的关系。”① 社会成员的平等意识培养、各自素质平等性的实现并非绝对一致的，人在现实生活中总是呈现不同的先天自然条件，如生理素质、心理素质、智力水平等都不相同，这是任何时候都无须论证的事实。现代社会所追求的平等价值，更多体现在人的生存与发展空间过程中，涉及个体现实生活中的政治、经济、文化、社会、生态等领域，在强调平等性的同时更需要增添公正的价值引导，以此尽力实现社会各成员利益实现的平等性追求。一是权利与义务的平等。履行何种义务、承担何种责任、获得何种权利，这是法律意义上对平等概念的阐释，每一个社会成员都应履行平等的权利与义务，不允许任何人有践踏他人权益的特权，社会各类制度规范的生成意义就在于对平等、公正价值观念的呈现与执行，这也应是衡量各类制度规范、社会发展正义与否的基本标准。二是机会与结果的平等。机会平等就是社会应为每一社会成员提供平等的生产、生活、发展、享受的机会与平台，包括教育、医疗、就业、消费、社会福利等；结果平等，即社会收入分配方面的平等。机会与结果的平等不仅是对人成长与发展权益的保障，更是对人权、地位、尊严的维护。三是共享与发展的平等。我国作为社会主义国家，其社会层面追求的平等是对全体人民的平等，旨在实现共同富裕、共同发展的平等，共享与发展的平等一定程度上避免了少数人占有和享用多数人劳动成果局面的发生，这也是社会主义核心价值观区别于其他核心价值观的本质要求。当前我国正处于经济社会转型期与全面深化改革的深水区，随着社会的发展，一些较为突出的社会矛盾问题逐渐表现出来，如贫富差距问题、行业规范问题等，较为集中地呈现在平等价值规范的薄弱以及人们对平等诉求的日益强烈方面，从对物质领域的平等更多转向社会权益的平等追求。因此，在社会发展进程中要进一步夯实平等的价值目标，尽量消除影响平等的各类体制、机制障碍，竭力避免社会发生各类不平等现象，“保证人民平等参与、平等发展的权利，维护社会公平正义”②。

①马克思，恩格斯．马克思恩格斯文集：资本论（第一卷）[M]．中共中央马克思恩格斯列宁斯大林著作局，译．北京：人民出版社，2009：264.

②习近平．习近平谈治国理政：第一卷［M]．北京：外文出版社有限责任公司，2018：41.

公正，即公平、正义。它是人类文明努力追求的普遍法则，是对个体之于社会生存与发展体制机制的价值判断。社会良性发展及良法善治实现的首要价值逻辑前提就是公正。公正作为社会成员及其现实交往的互动法则，具有较为明确的理论意指与现实可操作性。一方面，公正作为社会成员价值追求，构成个体立足于世的基本道德法则，即个体所具有的公平意识、正义良知，一个缺失公正良知的人注定是遭人唾弃、孤立无援的。另一方面，公正构成社会平稳有序、和谐发展的基本法则，是社会成员交往互动、为人处世的价值准则与程序规范，即人们常说的"公道""正义"等，而且呈现在社会各类法律、规范、制度之中，构成社会成员生产、交往、发展基本制度的内在逻辑机理。公正是保障人们人性尊严、实现其全面发展的基本准则，同时是中国特色社会主义发展的本质要求。公正作为社会层面核心价值追求之一，既是对现实问题的回应，也是进一步发展社会主义的价值引领。从总体上看，公正作为社会价值追求，其内涵主要包括程序公正与实质公正两方面。一方面，程序公正即形式公正，指对全体社会成员追求权益的组织机构公正、机会公正、参与资格公正、程序规则公正、结果公正、监督公正，即对所有人在权利与义务的追求上实现人人平等。机会公正，它不仅指所有参与者站在同一起跑线，而且应关注到不同个体的现实基础条件，如生理条件、家庭环境、教育因素的不平等，并给予这些弱势群体一定权益补充。规则公正则主要指国家法律、制度安排及其执行的公正，规则面前人人平等，不允许任何人存在特权。结果公正，即按照既定规则程序对每个人的现实活动作出的正义性评价，不偏不倚。另一方面，实质公正是指按照程序、制度所创造利益、财富的公平分配，包括政治、经济、文化、社会、生态等权益的公平分配，如经济中追求的共同富裕、政治上的权利均等、文化上的教育均等、社会上的公道正义、生态上的代际公正等。随时代发展，公正价值追求的内涵越来越丰富，对人的现实交往也更具正义性，日益显现为"人成之为人"、凸显人性尊严的基本价值理念。

法治，即依据法律治理国家，同阶级社会时期的"人治"相对立，它是现代政治民主文明发展的阶段性成果，是现代社会的治国方略。"法治兴则国家兴，法治衰则国家乱；全面依法治国是中国特色社会主义的本质要求和重要保障”① 依法治国，建设社会主义法治国家是对我国发展历程经验的总结。在党的十一届三中全会上，邓小平同志提出：“为了保障人民民主，必须加强法制。必须使民主制度化、法律化，使这种制度和法律不因领导人的改变而改变，不因领导人的看法和注意力的改变而改变。”依靠法律、制度建设社会主义逐渐成为国家基本方略。党的十五大在国家“法制”道路建设进程中又进一步形成“法治”的现代化发展雏形，首次将“依法治国，建设社会主义法治国家”确立为国家治理方略。从“法制”到“法治”的转变，是党和人民对法律作为国家方略认识的深化，是对“人治”的彻底决裂，对法律的运用不止停留于制度形式，而进一步提升对法律现实价值意义的应用，从这一意义上讲，法律不只是国家管理各项事业的凭据和方式，更成为人民明确自身法律人格、保障自身权益、依法参与管理国家各项事业、不断推动人民意志建设现代化国家进程的现实手段与途径。党的十八大将法治作为社会主义核心价值观在社会层面的价值规范明确提出，将法治进一步提升至价值观的高度，使法治精神、法治思维、法治观念建设日益提上日程，将法律贯穿公民生活的方方面面，实现法治国家、法治政府、法治社会的一体化建设，构建起中国特色社会主义法律体系。法治作为社会层面的核心价值追求，一方面体现为法律观念、法律思维的形成，即人民依照法律对自身权益维护的理性认知与情感共鸣，维护自身对自由、平等、公正等价值追求的独立人格，将增进人民福祉落实到法治建设全过程，维护社会自由和谐秩序，让人民在每一宗司法案件中感受公平正义、法律权威。另一方面，体现为法律作为一种制度规范渗透公民生活，以明确的权利与义务等制度规范调整个体行为与社会关系，保障人民权益。“法律不是压制自由的措施……恰恰相反，法律是肯定的、明确的、普遍的规范，在这些规范中自由获得了一种与个人无关的、理论的、不取决于个别人的任性的存在。”② 那种否认以人的理性作为立法标准，试图以人的动物本性

①中共中央关于党的百年奋斗重大成就和历史经验的决议［M］．北京：人民出版社，2021：42.

②马克思，恩格斯．马克思恩格斯全集：第一卷［M］．中共中央马克思恩格斯列宁斯大林著作编译局，译．北京：人民出版社，1956：176.

作为立法依据的“法的历史学派”的做法，从根本上来说只是“动物的法”，而不是“有教养的现代人”所需要的法①，这也是国家现代化发展的指标与方向。

第三节　公民个人层面的社会主义核心价值观理论阐释

人民是历史的创造者，是社会变革的决定性力量。我们要建设什么样的国家、什么样的社会，都要依靠广大人民群众奋力实现，社会主义国家个体利益同群体利益本质上是一致的。社会主义核心价值观公民层面倡导践行“爱国、敬业、诚信、友善”，实现“国家—社会—公民”三者逻辑关联，进一步回答了我们要培育什么样的时代新人的重要问题。

爱国，即对祖国的钟爱。爱国不仅是公民基本道德素养与价值规范，更是公民实现人生价值、取得成就的首要前提，爱国不仅是理性认知、情感体验，更是实践准则。一方面，爱国应成为公民个体内心最基本、最纯粹、最深情的人格追求。正如马克思所言，人的本质是一切社会关系的总和，社会性是人的最大属性，人们总是在交往日益密切的社会关系中谋求自身立足空间，然而获得这一社会生存空间的前提则是取得国家公民的身份，唯有获取国家公民身份，才可以成为社会共同体中的一员，也才可以获得相应权利、义务与责任，否则就将成为社会的流放者。从现实来看，我们生活在国家共同体中，为国家建设与发展承担着一定责任与义务，但也享受着国家福祉，每当公民遭受危险、威胁时，都能感受到国家强有力的保护与支撑，特别在当今百年未有之大变局的现实世界中，离开国家坚实后盾，个体生存、生活、发展权益的实现都将成为泡影。同时，爱国不只是个体理论与现实的情感需要，更是植根于每个人血液与灵魂之中最深刻的历史基因，它是对国家历史与文化的承载。原始氏族社会，以及中国封建社会采用的嫡长子继承制、诸侯分封制等。

①马克思，恩格斯．马克思恩格斯全集：第一卷［M］．中共中央马克思恩格斯列宁斯大林著作编译局，译．北京：人民出版社，1956：238.

逐渐打磨、形成中国古代“家国一体”“孝忠一体”的传统结构，以血缘为纽带形成较为牢固的社会关系，使个体命运同家族命运、国家命运紧密相连。这种情形就形成中国传统以家族观念实践国家观的特殊的价值链条，给严肃的国家管理赋予血脉情感的伦理感召力。这样的传统家国关系，家国情怀更容易使维护国家利益变成个体自常的价值认同，也使我们所传达的爱国价值观更具深沉的民族文化印记与现实亲和力。另一方面，爱国作为公民个体价值追求被赋予更多时代内涵。其一，欣赏、热爱祖国的大好河山、壮丽景色，感受祖国空间实体所孕育的美好生灵与大自然的鬼斧神工，要不断学习科学文化知识，懂得珍惜、保护和利用好祖国的一切土地山川、自然资源等，同时要坚决保护好祖国的每一寸土地，以爱国之情汇聚全国人民的力量，做到寸土不失、寸土必守。其二，热爱同自己具有共同历史命运、民族血脉的人民，国家是由人民组成的，爱国必然意味着爱人民、爱自己的同胞。其三，对国家思想文化、典章制度的高度认同。对国家思想文化、政治道路、政治制度的高度认同是爱国的基本前提，也是爱国的具体表达方式，一个国家的民族文化、政治道路、政治制度都是由人民在长期的历史探索与实践中累积、发展而来的，是历史与人民的选择，通常代表了国家主权诉求和公民普遍意志要求。从某种意义上讲，制度是文化的固化，是对国家历史发展经验的总结，是国家发展的保障。“当代中国，爱国主义的本质就是坚持爱国和爱党、爱社会主义高度统一。”① 其四，爱国意味着公民要履行好国家赋予的权利、义务与责任，扮演好自己的社会角色。

敬业，公民职业道德方面的核心要求，是个人对自己从事工作所展现出的强烈责任感与奉献精神。敬业是对自身生产生活及组织目标实现的价值理解与理性自觉，它是对自身所从事工作的尊敬、敬重、敬仰，将实现自身生存、发展利益熔铸其中，表现为个体价值目标同组织价值目标实现的高度一致，并在工作岗位中展现出积极的、饱满的、忠诚的情感与态度，与此同时，在一定程度上也反映着价值主体不怕困难、专心致志、心无旁骛、建功立业的价值追求。敬业作为公民职业道德修养或工作伦理，

①新时代爱国主义教育实施纲要［M］. 北京：人民出版社，2019：3.

不仅是一项基本工作准则，更是一种人生价值观和人生哲学观。人同动物相区别的首要因素是劳动，正是劳动活动的存在才使人更具人的属性，人只有在劳动中才可获得生存与发展的现实意义，而敬业恰恰是人们在生产劳动和解决人类生存问题时的一种根本价值态度。人在工作岗位中取得成果和成就越多，付出的社会价值越大，其生命的价值意义就越大，其在历史长河中的厚度与宽度也就越大。一般而言，敬业首先是一种个体对待工作、劳动、职业、事业、义务、责任的敬重态度和负责精神，“敬而畏之”“敬而爱之”，要热爱自己的工作，珍视自己的工作，以认真负责的态度对待工作中的每一件事，积极进取、忠诚奉献，切不可好高骛远、玩忽职守。其次，敬业在深层次上呈现出人在社会生产、生活中实现人全面发展的价值目标，表现出个体对职业更深层次的爱慕、专注、执着、精湛的“工匠精神”。“人以一种全面的方式，就是说，作为一个完整的人，占有自己的全面的本质。人对世界的任何一种人的关系……是通过自己的对象性关系，即通过自己同对象的关系而对对象的占有，对人的现实的占有……是人的一种自我享受。”① 人在社会生活中的完满性就在对自身价值的不断追求，体现在个体融入社会生产生活的多个方面，而职业生涯则是个体价值实现的一个重要领域，人们不仅通过工作取得劳动报酬，满足自身生活需要，而且将通过无懈地热情调动智慧迸发，从而创造出更加辉煌的业绩。

诚信是一个人的优秀品质，也是维护社会秩序、国家稳定发展的价值规范前提。新时代，诚信作为社会主义核心价值观公民层面的价值规范之一，不仅成为个人修养和人格完善的核心价值要求，也是社会主义市场经济健康发展的道德基石。所谓诚信，即诚实，守信。诚实，即忠诚老实，实事求是，坚持对客观事物的真实感知与理性认识，对他人不欺瞒、不欺诈、不虚伪，不在他人面前虚构事实，言如所思、行如所言；守信，即讲信用，信守诺言，讲信誉，说到做到，忠于自己所做言行，并甘于承担一切事物发展结果。诚实与守信是相互统一的个体行为规范。“诚”强调人的内在修养、品质；“信”是价值主体内“诚”的外化，是价值主体内在修养的外

①马克思，恩格斯. 马克思恩格斯文集：资本论（第一卷）[M]. 中共中央马克思恩格斯列宁斯大林著作编译局，译. 北京：人民出版社，2009：189.

在行为表现，凸显人与人现实交往的伦理关怀。一方面，诚信是公民个体为人处世、待人接物、立心立命的基本价值准则，是人在社会交往中必须秉承的基本态度，也是中华优秀传统文化中极为明确的为人之道。“人而无信，不知其可也。”（《论语·为政》）“人而不忠信，何以异于禽兽者乎？”（《陆九渊集·主忠信》）人是不断同社会交往并完成“社会化”的人，人不仅要学习科学文化知识，掌握一技这长，还要懂得为人处世之道，学会同他人交往、合作、共处，而实现这一过程的基本价值品格即诚信，以诚待人、信守承诺。另一方面，诚信作为每一社会成员的价值规范，也必然进一步阐释为整个社会的基本道德原则和行为规范，它要求各行各业都应以实事求是、求真务实的态度指导自身言行。正如弗朗西斯·福山（Francis Fukuyama）所言：“当一个社群分享一套道德价值观，借此建立对彼此的诚实行为的期许之后，信任就产生了。从某种程度来说，这些价值观的非同寻常的特点并不如它们被‘共享’这个事实重要。总而言之，群体的伦理体系要求的价值观越多，进入这个群体的要求就越高，内部成员之间的相互信任和团结的程度也就越高。”① 而当社会成员普遍信守诚信价值观并表现出高度言行一致时，社会也就会进一步形成较为稳固的诚信文化、诚信制度，“信任关系在社会情境中找到合适的立足点，这种社会情境的结构具有关系相对持久的性质，互惠的依赖性，不可预见的特性等……由于社会系统的内在相互依赖结构，它们在异乎寻常的程度上依靠相互信任，同时它们也为信任的产生创造了更加有利的条件”②。

友善，就是友好、友谊，与人为善、善解人意、宽以待人、助人为乐。现实来看，友善是基于公民内在的善良之心，而表现出的同他人间的互尊互敬、互帮互助、宽容仁爱的态度和行为。友善是中华优秀传统文化中较为关键的价值观，更是儒家核心价值思想“仁”的现实表征之一，它不仅呈现在个体公民生活交往之中，而且彰显在国

①弗朗西斯·福山. 信任：社会美德与创造经济繁荣［M］. 彭志华，译. 海口：海南出版社，2001：153.

②尼克蛇斯·卢曼. 信任：一个社会复杂性的简化机制［M］. 瞿铁鹏，李强，译. 上海：上海人民出版社，2005：48.

家融入国际环境的智慧与风范之中。

本节以社会主义核心价值观为研究视阈，将友善作为公民层面核心价值追求，释为公民以平等、诚实、宽厚、仁爱之心同他人交往过程中体现出的良好德性与品格，它不仅是公民道德素养的现实表征，更是社会规范伦理秩序、强化道德建设的基本价值规范。从历史与现实的同一性来看，友善作为公民层面核心价值追求，不仅是现实时代发展之需，更是对中华优秀传统文化的承继与发展。在历史长河沉积中，友善日益成为中华民族的文化基因和价值信仰。既有立身处世、修身养性的人生哲理，如“己欲立而立人，己欲达而达人”（《论语・雍也》），“己所不欲，勿施于人”（《论语・颜渊》），亦有孔融让梨、卧冰求鲤。举案齐眉。“老吾老以及人之老，幼吾幼以及人之幼”（《孟子・梁惠王上》）等现实生活实践案例，渗透在个体生活交往等诸多方面，日益成为社会所推崇的共同价值规范。一般来说，友善的现实含义可具体概括为个体同自我间的友善、个体同他人间的友善、个体同社会间的友善、个体同自然间的友善。一是与己为善，即善待自己、自我成长，可进一步分为五个层次：珍爱生命，尊重自己的人格与意愿；学习知识，掌握一技之长，形成独立自主、奋发有为的思想意识；塑造个人“大丈夫”型品格，“慎独”，敢于担当奉献；做到自强不息，形成自己独特的价值倾向、人格魅力；逐渐走向自由、解放、全面发展的境地。二是与人为善，不仅要友善亲人，还要“泛爱众”，善待生活中的每一个人。“孝悌也者，其为仁之本与”（《论语・学而》），“教以孝，所以敬天下之为人父者也；教以悌，所以敬天下之为人兄者也”（《孝经・广至德章》）。三是友善社会，即将个人价值同社会共同价值相融合的过程。友善是社会和谐的润滑剂，也是现代社会文明的显著标志。社会主义核心价值观的友善，是建立在人人平等、相互尊重、相互友爱的基础上的，并同我国社会发展中的各项制度规范相统一，旨在使广大人民感受社会温度。四是友善自然，即尊重自然、善待自然，人与自然和谐相处。“万物各得其和以生，各得其养以成”（《荀子・天论》），“万物并育而不相害，道并行而不相悖”（《礼记・中庸》）。目前，我国正处于社会转型时期，社会交往逐渐由熟人社会向陌生人社会转变，在依靠法律、制度、规范等硬性约束的同时，也更需要道德、价值观等软性约束的浸润，友善是当前缓和社会矛盾冲突的必要而充分的条件。

社会主义核心价值观涵盖国家、社会、公民个体三个价值层面，三个层面及其每一层面的具体价值追求都不是相互独立、割裂开来的，而是内在统一、相得益彰的，这些价值追求不仅为新时代社会发展指明方向，更为社会主义核心价值观教育提供具体明确的内容与素材。

第二章 培育社会主义核心价值观的时代价值

新时代，党和国家高度重视社会主义核心价值观的培育与践行工作。社会主义核心价值观紧紧围绕我们要建设什么样的国家、建设什么样的社会、培育什么样的公民等重大问题，反映着全国各族人民共同价值观的“最大公约数”，“是当代中国精神的集中体现，凝结着全体人民共同的价值追求”①。新时代，围绕实现中国式现代化建设，实现中华民族复兴理想，党和国家多次强调要充分发挥社会主义核心价值观凝魂聚气、强基固本的重要功能，“不断夯实中国特色社会主义的思想道德基础”②，“为全国各族人民不断前进提供坚强的思想保证、强大的精神力量、丰润的道德滋养”③。新时代，党和国家“坚持以社会主义核心价值观引领文化建设制度”④，“围绕举旗帜、聚民心、育新人、兴文化、展形象的使命任务，促进满足人民文化需求和增强人民精神力量相统一，推进社会主义文化强国建设”⑤。在全国宣传思想文化工作会议上，习近平总书记将“着力培育与践行社会主义核心价值观”作为新时代宣传思想文化工作的“七个着力”中的重要内容之一，指明当前思想文化工作的政治任务与时代要求，以此“不断巩固全党全国各族人民团结奋斗的共同思想基础，不断提升国家文化软实力和中华文化影响力，为全面建设社会主义现代

①习近平. 决胜全面建成小康社会 夺取新时代中国特色社会主义伟大胜利：在中国共产党第十九次全国代表大会上的报告 [M]. 北京：人民出版社，2017：42.

②习近平. 习近平谈治国理政：第一卷 [M]. 外文出版社，2018：163.

③习近平. 习近平谈治国理政：第二卷 [M]. 外文出版社，2017：323.

④中共中央关于坚持和完善中国特色社会主义制度 推进国家治理体系和治理能力现代化若干重大问题的决定 [M]. 北京：人民出版社，2019：23.

⑤中共中央关于制定国民经济和社会发展第十四个五年规划和二〇三五年远景目标的建议 [M]. 北京：人民出版社，2020：25.

化国家、全面推进中华民族伟大复兴提供坚强思想保证、强大精神力量、有利文化条件”①。新时代培育社会主义核心价值观的目标任务，要把“培育什么样的价值观”同“培育什么样的人”更加紧密地结合起来，不断深化和拓展社会主义核心价值观建设。具体而言，新时代培育社会主义核心价值观的目标任务可概括为形塑价值规范、凝聚价值共识、引领价值理想。

第一节　坚持德法并举，形塑价值规范

规范性问题一直都是中西方学者探讨的重要话题，人的一切活动都需要具体的规范指导，这不仅是人自身发展之需，更是社会发展的稳定器。社会主义核心价值观是新时代中国人民的价值观指引，它明确规定了国家、社会、公民个体的规范性要求。弘扬和培育社会主义核心价值观是凝魂聚气、强基固本的基础工程，是社会系统有效运转、保障社会秩序长久稳定的重要途径之一，也是形塑价值规范的有力保障。当前加速推进中国特色社会主义事业发展，保障人民美好生活的现实秩序，“要按照社会主义核心价值观的基本要求，健全各行各业规章制度，完善市民公约、乡规民约、学生守则等行为准则，使社会主义核心价值观成为人们日常工作生活的基本遵循”②。

规范是人类所特有的精神属性，是人之为人的行为准则。所谓价值规范，是谓一个社会对何者为善、何者为恶、何者为优、何者为劣的价值属性的明确规定，它以系统化、制度化、实践化的形式，将价值判别的衡量标准、质量尺度、结果鉴别、价值效度等，呈现在人的普遍实践交往活动中，协调、规范、塑造着人们的价值认

①习近平对宣传思想文化工作作出重要指示强调　坚定文化自信秉持开放包容坚持守正创新为全面建设社会主义现代化国家 全面推进中华民族伟大复兴提供坚强思想保证强大精神力量有利文化条件　蔡奇出席全国宣传思想文化会议并讲话［N］. 人民日报，2023－10－09（01）.

②习近平. 习近平谈治国理政：第一卷［M］. 北京：外文出版社有限责任公司，2018：165.

知、价值选择及主体实践倾向性特征。从现实来看，价值规范是人们实践活动过程中的社会规范，它是由一定社会阶级、群体、政治团体等按照一定的社会发展需要尺度，围绕人在社会实践过程中的应然性要求，所制定出的用以指导和规范人们的实现观念与主体行为的价值意识。

一、社会主义核心价值观是当代中国共同的思想道德基础

社会主义核心价值观是一种德，是当代中国价值规范的“最大公约数”，是推进国家发展、民族进步的“大德”。2014 年，习近平总书记在北京大学师生座谈会上指出：“核心价值观，其实就是一种德，既是个人的德，也是一种大德，就是国家的德、社会的德。国无德不兴，人无德不立。如果一个民族、一个国家没有共同的核心价值观，莫衷一是，行无依归，那这个民族、这个国家就无法前进。”① 社会主义核心价值观作为一种德，实际上它所发挥着“德”的功能，具有“德”的本质属性。作为社会意识，它是反映当代中国社会发展需要的理想追求，是摆脱中国社会主义事业发展困境的道德自觉，是当代中国思想文化事业发展的内在核心，是推动各项事业发展的重要推动力，是促进全体国人向前发展的价值向导与灵魂。作为社会秩序的调节规范体系，它是调节国家、社会与个体间关系的润滑剂，维护国家与社会发展的整体利益，又保障个体实现自由而全面发展，将“国家发展的价值目标”“社会规范的价值约束”“个体追求的价值准则”，统一于社会主义核心价值观的整体规范之中。作为自律精神，它是广大人民心中道德约束的“最大公约数”，是提升自我品质、实现自我价值追求的价值引领，是公民个体自我约束的价值指导，给予个体内生发展的精神力量与情感支撑。

人是一种社会性存在物，人的社会性属性逐渐形成的过程，在一定程度上也是人类社会规范逐渐形成的过程。“人的本质不是单个人所固有的抽象物，在其现实性

①习近平．习近平谈治国理政：第一卷［M］．北京：外文出版社有限责任公司，2018：168.

上，它是一切社会关系的总和"①，人在社会交往生活过程中，不仅获取自身发展的物质基础，而且基于自身主体思维发展程度而不断习得社会交往规范。从人们社会交往规范与人的实践活动关系来看，"人们的想象、思维、精神交往在这里是人们物质行动的直接产物，表现在某一民族的政治、法律、道德、宗教、形而上学等的语言中的精神生产也是这样"②。"意识在任何时候都只能是被意识到了的存在，而人们的存在就是他们的现实生活过程"。③

习得社会规范是人的社会化的具体内容，人的社会化主要涉及规范的内化，即人在规范运行下活动的过程。社会化通常指个体在社会环境的影响下，通过社会学习各类知识和劳动经验，逐渐形成一定社会所认可的、满足人类社会发展需要的心理与行为模式，不断塑造为合格社会成员的过程。笔者认为，在塑造合格社会成员的过程中，最为核心的应是对规范的内化过程，最为关键的是对价值观念的内化和普遍化的过程。个体社会化的一个重要内容就是对社会规范的养成、内化，把规范变成个体成长的心理尺度和活动的动机与需要，并融合人的意志与信念，从而逐渐消除个体不合规范的意识与行为。社会规范成为人认识问题与实践活动的独立自觉，使自己的社会行为规范化，并由此形成个体的、独立的、正当的人格和自我观念，从而掌握活动方式和生活技能，培养社会角色。

人的社会化过程就是社会规范实现个体内化的过程。人的社会化需要人自身对各类自然规律的把握，即人是要有一技之长的人，是全面发展的人；同时人的社会化也需要严格遵守各类社会规范，如法律规范、道德规范、责任规范等，这是社会环境下人的立身之本，是人们独立人格的本质体现，也是规范教化育人功能的最大价值。这些规范在个体的全部实践活动中都有着引领、保障的作用，是行为的方向

①马克思，恩格斯．马克思恩格斯选集：第一卷［M］．中共中央马克思恩格斯列宁斯大林著作编译局，译．北京：人民出版社，1995：135.

②马克思，恩格斯．马克思恩格斯文集：1843—1848年［M］．中共中央马克思恩格斯列宁斯大林著作编译局，译．北京：人民出版社，2009：524.

③马克思，恩格斯．马克思恩格斯文集：1843—1848年［M］．中共中央马克思恩格斯列宁斯大林著作编译局，译．北京：人民出版社，2009：525.

标。无论是行业规范、行为技术规范，还是道德规范、法律规范，都以一种责任、权利与义务的形式，明确规定着每一个扮演特定角色条件下的活动准则与具体操作标准，并从每一项具体制度规范要求中呈现、阐释着当代社会主流价值倾向性，是对当代社会核心价值规范在人们实践生活过程中的延展、细化。

社会主义核心价值观是将马克思主义科学世界观、价值观同中国具体实践相结合的社会主义价值观。社会主义性质的道德从根本上保证了个体的发展与社会、国家发展方向的根本一致，正因如此，社会主义核心价值观才具有了统一国家、社会、个人的共有道德属性。在中国特色社会主义制度下，个人利益与集体利益的根本一致、相互统一，是社会主义核心价值观能够统一国家道德、社会道德、个人道德的前提条件、价值所在。中国共产党从五四运动打起“民主”与“科学”两面大旗始，就自觉将实现中华民族伟大复兴、人民幸福作为自己的奋斗目标，初步描绘要建设一个“富强、民主、文明、和谐”的社会主义国家任务要求。在社会主义革命与建设时期，无数共产党人与中华儿女共同展现出不怕牺牲、顽强抗争的鲜明爱国主义精神及无私奉献精神。改革开放和社会主义现代化建设新时期，广大共产党人同全国人民共同展现出“敢为天下先”的斗争与改革精神，成功地将中国由一个一穷二白的国家建设成为世界第二大经济体。“一百年前，中国共产党的先驱们创建了中国共产党，形成了坚持真理、坚守理想，践行初心、担当使命，不怕牺牲、英勇斗争，对党忠诚、不负人民的伟大建党精神，这是中国共产党的精神之源。”① 这是百年奋斗历程中中国共产党人所展现的精神追求、道德品格与价值准则，也是共产党人呈现社会主义核心价值观理想追求最鲜活、最生动的优秀典范，为新时代形塑社会主义核心价值观为引领的价值规范提供历史资源借鉴与先进榜样示范。要“弘扬以伟大建党精神为源头的中国共产党人精神谱系，用好红色资源，深入开展社会主义核心价值观宣传教育”②。

---

①习近平. 习近平谈治国理政：第四卷［M］. 北京：外文出版社有限责任公司，2022：7.

②习近平. 高举中国特色社会主义伟大旗帜 为全面建设社会主义现代化国家而团结奋斗：在中国共产党第二十次全国代表大会上的报告［M］. 北京：人民出版社，2022：44.

社会主义核心价值观是对中华优秀传统文化所蕴含价值取向、道德要求的传承与弘扬。社会主义核心价值观之所以能够成为共同的思想道德基础，既在于其社会主义本质属性，又受到中国传统优秀伦理思想的影响。中华儿女在千百年璀璨历史长河中，不仅创造了气势恢宏的灿烂文明，而且沉淀出独属于中国人的精神气质。例如强调“国家兴亡，匹夫有责”的报国之志、家国情怀；有“天下为公”“世界大同”“协和万邦”的社会理想；有强调“己欲立而立人，己欲达而达人”“己所不欲勿施于人”的社会和谐交往观念；有强调“慎独”“自强不息”“君子坦荡荡”“君子喻于义”的君子个性、道德品格；有强调“天人合一”“万物并育”的人与自然和谐共处的生态理念；有强调“扶贫济困”“讲信修睦”等国家治理与国际交往的正义追求。这些中华优秀传统价值观念，如守诚信、讲仁爱、重民本、崇正义、尚和合、求大同等伦理思想早已成为全体国人的价值共识，而这恰恰构成新时代社会主义核心价值观的重要源泉。“中华优秀传统文化已经成为中华民族的基因，植根在中国人内心，潜移默化影响着中国人的思想方式和行为方式”①。中华优秀传统价值理念与新时代社会主义核心价值观所倡导的价值观念相互融合，中国传统与现代伦理思想交相辉映、相得益彰，为塑造具有共同思想道德基础的时代新人提供历史与现实的文化渲染，也为新时代价值规范的形塑提供历史基因与文化认同，“使全体人民在理想信念、价值理念、道德观念上紧紧团结在一起”②。

一个“大德”的国家，有道德、守规矩、筑底线是其基本的价值追求，其目的是能够满足人民日益增长的对美好生活的需要，特别是物质与精神需要，保障人民当家作主的权利不受侵犯，维护人民群众崇高的社会地位，保障人民群众塑造创造生活、享受生活的空间格局，加速推进社会主义和谐社会建设。对于社会主义国家层面的倡导，“富强、民主、文明、和谐”就成为社会主义国家的“德”，这是保障人民享有一切权利、给予人民一切需要的根本保障和前提，也是人民不懈奋斗的价

①习近平．习近平谈治国理政：第一卷［M］．北京：外文出版社有限责任公司，2018：170．

②习近平．决胜全面建成小康社会 夺取新时代中国特色社会主义伟大胜利：在中国共产党第十九次全国代表大会上报告［M］．北京：人民出版社，2017：41．

值目标。对于社会主义社会的“德”而言，其旨在加速推进形成和谐社会的整体格局，为培养自由而全面发展的人提供社会氛围和良好环境。而这里我们所倡导的“自由”，不是资产阶级社会中形成资本严重不平衡的无秩序的自由，它是马克思所倡导的促进社会公平正义的自由，是人所追求的最本质的权利，它是人实现各项权利的基本前提。因此，“自由、平等、公正、法治”就构成社会的“德”，也是我们所倡导建设社会的最本质要求。社会主义的个人的“德”，旨在加强个体与集体的相互关系，通过个人的全面发展推进社会和谐进步，和谐社会的建设又为个体全面发展提供氛围和条件，促使个体意识到自身是集体中的个体，是社会和国家中的一员，从而推动个体将个人的发展与社会、国家的发展融为一体，在推进集体发展的过程中，发挥自己最大的能力，实现人生价值与理想追求。因此“爱国、敬业、诚信、友善”就构成个人的“德”，是社会主义核心价值观形塑价值规范的现实来源与动力。

二、社会主义核心价值观是当代中国社会主义法治建设的价值领航

法律是治国之重器，良法是善治之前提。法律是维护社会公平正义的手段，也是保障人民生活的武器，法律构成社会和谐稳定与人民幸福安康的“救生圈”，它已融入人民生活的每个角落，无处不在。法律是一个社会中占统治地位的群体所持有的社会制度、意识形态、思想观念、价值取向的集中体现，它代表着社会发展的现有程度，也标志着当前社会的所属性质。中国特色社会主义进入新时代，中国需要转向发展，需要向高质量发展进升，特别是当前社会矛盾仍较突出，国家治理、经济发展与社会进步面临着原有治理体系与能力已经无法适应新发展模式的现实要求，国家的现代化转向、和谐社会的有效建构、社会现代化转型、个体利益与社会利益的和谐统一等现实问题，都需要我国法律建设的向前推进，需要社会主义法治建设的升级与完备，即实现“良法善治”的法治建设的价值目标。“建设信仰法治、公平正义、保障权利、守法诚信、充满活力、和谐有序的社会主义法治社会，是增强人

民群众获得感、幸福感、安全感的重要举措。”① 将社会主义核心价值观融入中国法治建设进程提升到国家治理格局之中，为国家当前的法治建设提供思想理论指引与国家政治性认可。

社会主义核心价值观同法在公民生活中相区别，是社会主义核心价值观教育入法入规的逻辑前提。社会主义核心价值观教育融入法律法规本质上是社会成员交往与实践的现实问题，是进一步规范社会成员思想与行为，提升价值观教育实效性的现实活动，但是如何实现二者的有效耦合，真正发挥法律、法规对社会主义核心价值观教育的有效保障，还需要从理论上进一步分析二者的逻辑关联。法律是由国家制定的，具有普遍性、强制性等特点的规则体系，它对每个社会成员的任何关系活动都具有指导力与约束力。但是法不是万能的，保障法律实施的强制手段也不是万能的，特别是针对社会主义核心价值观教育这种思想教育行为、“软性”规范活动，切不能简单地将其提升至法律规范之中，如此不但会克制社会成员自由理性的能动发挥，而且会降低教育的实效性、损害法律权威。从现实来看，社会主义核心价值观教育的根本目的在于培养社会成员价值理性与价值自觉，使核心价值成为社会交往活动的价值准则。即人在现实生活中对真、善、美等理想追求的价值依托，是人精神层面的塑造与提升，它存在的尺度是无限大的；而法律则是社会成员行为活动的基本规范，明确规定着行为活动的正反、对错、是非两面，而且一旦发生践踏法律的行为则将受到惩罚，它存在的尺度是人活动规范的最小极。因此，社会主义核心价值观教育同法律规范的现实目的性与存在尺度的差异，在一定程度上决定着社会主义核心价值观教育入法入规不可机械化、简单化的硬性结合。社会主义核心价值观教育入法入规，要“善于把核心价值观转化为法理，把核心价值观的要求转换为权利、义务、行为、责任等法律概念，转换为法律语言文字，进而形成内涵精确的法律规则和法律制度”②，要以权利、责任、义务等内容规范社会主义核心价值观教育各类主客体，规范教育平台、教育手段等要素。特别是在社会主义核心价值观

①法治社会建设实施纲要：2020—2025 年［M］. 北京：人民出版社，2020：1.

②张文显. 社会主义核心价值观与法治建设［J］. 中国人大，2019（19）：49—54.

教育入法入规的方法论问题上，要注意甄别二者的内涵与外延，在维护法律普遍适用的至尊地位上，衡量价值观教育入法入规的适用尺度，以及行为评判的可行性。

价值观教育同法律法规相融合，是新时代我国公民教育的经验总结，也是世界各国公民价值观教育的一条重要规律。社会主义核心价值观作为社会的“价值公约数”，其最大效力的发挥在于强化培育的制度建设，而优化以价值观引领的制度建设，实现价值观教育的常态化、规范化同社会制度规范自身所具有的引导性、约束性的统一，更为关键的是实现核心价值观的法治化建设，将社会主义核心价值观融入科学立法、严格执法、公正司法、全民守法的全过程。从现实来看，社会主义核心价值观融入国家法律法规，不仅是在价值观教育程式、方法等方面上升为国家战略高度，以入法、入规的形式实现价值观教育在社会交往领域的全覆盖，而且更为重要的是为我国法律法规的立、改、废、释工作提供了重要的价值依托，实现国家法治建设的价值导向同社会主流价值观教育的嵌合，即“良法善治”的现实着力点，更好地释放法治扬善抑恶的价值本真。因为“社会主义核心价值观作为当代中国的核心法理，构成法律实施的‘兜底性法源’，对警官、检察官、法官的自由裁量起到法理约束作用，对法律方法和法律思维的实践运用起到法理指引作用。”① “良法”之所以能够成为“良法”，一方面在于它能彰显人民普遍意志，受到人民群众的广泛欢迎与自觉践行；另一方面在于它能呈现社会公平、正义，发挥法律惩恶扬善、激浊扬清的价值评判功能。“‘良法’的实施能够有效引导社会道德的提升，而社会道德的提升又会反过来形成良好的法治环境，促进法治的进步。”②

党的十八大以来，党和国家高度重视社会主义核心价值观的培育与践行工作，并且注重利用法律、制度等硬性规范强化社会主义核心价值观教育活动，以提升教育实效性。2013 年，中共中央办公厅印发《关于培育和践行社会主义核心价值观的意见》（中办发〔2013〕24 号），要求在培育社会主义核心价值观时，注重同政策、制度、法律等规范约束相衔接，建立符合价值观教育规律的有效形式和长效机制，

①张文显. 社会主义核心价值观与法治建设［J］. 中国人大，2019（19）：49－54.

②刘泾. 法治与德治的互动：规则意识培育的双重维度［J］. 理论与改革，2017（6）：83－90.

并将其融入依法治国全过程，积极推动“把社会主义核心价值观相关要求上升为具体法律规定，充分发挥法律的规范、引导、保障、促进作用”①。2016年，中共中央办公厅、国务院办公厅印发了《关于进一步把社会主义核心价值观融入法治建设的指导意见》强调，“把社会主义核心价值观融入法治国家、法治政府、法治社会建设全过程，全面落实依法治国基本方略，坚持依法国和以德治国相结合，把社会主义核心价值观融入法治国家、法治政府、法治社会建设全过程”。2018年，中共中央印发《社会主义核心价值观融入法治建设立法修法规划》，强调“要以习近平新时代中国特色社会主义思想为指导，坚持全面依法治国，坚持社会主义核心价值体系，着力把社会主义核心价值观融入法律法规的立改废释全过程，确保各项立法导向更加鲜明、要求更加明确、措施更加有力，力争经过5到10年时间，推进社会主义核心价值观全面融入中国特色社会主义法律体系”。

新时代培育与践行社会主义核心价值观，筑牢全体社会成员共有价值追求，保障每一个社会成员良善价值追求、现实权益及全面发展所需的稳定秩序环境等，需要积极将社会主义核心价值观培育同制度、规范、法律相结合，实现社会主义核心价值观制度化、规范化、法治化发展。理论与实践证明，社会主义核心价值观教育需要入法、入规，但不能将其机械化、简单化，这既需要遵循价值观教育规律，更需要充分发挥法律适用的普遍性与强制性，以法律权威宣扬社会主义核心价值观的理论内涵与价值要义，从而实现二者的有机融合。一方面，社会主义核心价值观教育入法入规既要考虑核心价值观的整体同一性，又要注意区分核心价值观的三个价值主体的各自特色，考量在价值观教育内容设置中应以何种方式呈现在法律之中，同时教育主客体的法律约束、教育平台、教育方式的法律化、规范化应如何设置等，这些问题都需要做进一步研究。例如，国家层面的“文明”价值追求、个人层面的“敬业”价值规范，这些内容应如何呈现在法律条文之中，文明生活方式、敬业奉献精神追求应怎样对其进行立法、执行，以及各类教育主体的考核、评价、奖惩，教学环境、课程设置、实践教

①关于培育和践行社会主义核心价值观的意见［M］. 人民出版社，2013：10.

学等活动应怎样对其进行立法、实施等，都需要对其进行细致考量。另一方面，法律并非越多越好、越细越优，法律的生命力在于实施，应防止法律制定过度干预社会生活。社会主义核心价值观教育主体涉及国家、社会、公民个体，特别是在社会领域中既有实体的单位团体，也有市场主体和教育活动内部的自洽调节功能的发挥。社会主义核心价值观教育的根本目的在于塑造人的理性自觉与完美人格，其法治化、制度化的基本目的在于统一多元教育主体、形塑教育合力，法律的功能在于明确各方教育主体的责任、权利与义务。而且核心价值观中有不少内容属于自我提升与社会自治的范围，如“爱国”“友善”“和谐”等价值追求，这些价值目标的实现不能仅靠法律规范的“速成”，更重要的是需要价值主体自我理性意识的养成，这需要个体在理论知识学习与社会实践过程中，不断形成对核心价值观的价值认同、价值共识，进而内化为个体价值理性自觉并付诸行动，这一过程既需要多元主体相互协调，又需要时间磨炼。正如习近平总书记强调，“发挥好法律的规范作用，必须以法治体现道德理念、强化法律对道德建设的促进作用”①。

制度是行为规范和运行过程的标准化说明，制度是规范个体行为的凭借和依据，无论从其作为规范行为的实践指向，还是在指导个体行为的实践操作上，实践是作为制度存在的本质属性。随着时代发展的日益复杂和不确定因素的增多，制度更加呈现出随个体实践发生而进行的制度化过程。制度化，即制度从无到有、从有到优的设计、运行、调节、优化的过程。社会治理，即对社会的治理，是人们利用制度规范不断优化社会发展，协调社会发展进程中各种利益冲突，实现社会的良性发展的必要过程。社会治理同社会管理相区别，是公民参与社会管理、行使监督权利、传播社会核心价值的有效载体。社会作为人们交往、生活最直接、最基本的单位场景，为个体思想行为的产生与发展形成一定影响，社会作为最广大公民生活与交往的基本场地，是进行社会主义核心价值观教育的重要场地。新时代实现“自由、平等、公正、法治”的社会价值追求，要积极以社会主义核心价值观为价值引领，规

①中共中央宣传部，中央全面依法治国委员会办公室. 习近平法治思想学习纲要［M］. 北京：人民出版社，2022：42.

范社会建设，依托社会治理体系建设与治理效能提升，不断契合社会主义核心价值观教育制度化发展，筑建多元主体参与的价值观教育管理平台。

社会治理是制度自身运行的动态化发展过程。社会治理即治理社会，是人们对建议何种社会的美好厚望同现实社会发展不足之间的协调过程，是人们凭借制度规范同不良思想、行为不断斗争的社会发展过程，是人们自我管理、自我治理、自我优化的过程。20 世纪 80 年代，世界范围内的改革运动兴起，改革的主要目的是对制度自身的修订、变革，使社会制度能够符合现代化发展进程与人民民主意识培育。中国的社会主义改革至今从未停止，社会体制也由政府一元主体的管理逐渐改革转向多元主体的民主治理，基层群众自治组织建设越来越完整、规范，在社会民主改革进程中发挥着重要作用。随着社会发展与人们教育程度的普遍提升，人们更广泛地关注自身行为同他人的关系如何，并从个体与集体利益出发衡量制度的设置与应用，在衡量制度设置复杂性与公民行动普遍性、特殊性的角度上，安东尼·吉登斯（Anthony Giddens）基于行动主义基本观点进一步认为，“制度可以被看作是实践在时一空当中的深度沉积。也就是说，它们是一些在‘横向’意义上具有持久性和包容性的实践，在共同体或者社会成员中具有广泛的散播”①。无论“制度设计”“制度安排”“制度环境”对个体行为规范与导向的意义多么重要，我们都不应忽视制度自身存在的实践性本质，其主要表现为以下两个方面：一方面，制度作为调节社会成员思想与行动的标准化规范，是体现在社会成员行动之中的规范纲要；它作为公民行动的思想指引，是个体行为发生前的动机与行动的意识性存在，只有当个体将其内化于心时，制度的意义才可真实发生，即制度人的培育与形成。另一方面，制度是社会存在必不可缺的规范性手段，是全体社会成员共同行动、参与社会交往与改造过程中的行动轨迹，是全体社会成员对建设何种社会、打造何种样态的社会环境的普遍性概括，在其运行过程中蕴含广泛公民普遍存在的价值追求。随着时代发展要求的普遍提升，制度在社会领域中的实践样态更加表现为社会治理的活动过程。

---

①安东尼·吉登斯. 社会理论的核心问题：社会分析中的行动、结构与矛盾［M］. 郭忠华，徐法寅，译. 上海：上海译文出版社，2015：88.

社会治理是社会向善、向好发展的制度化过程，它同社会主义核心价值观教育制度化相同步。“治理”在《现代汉语词典》（第 7 版）中的意思为“统治，管理，处理，整修”。20 世纪末期，随世界各国现代化发展水平的逐渐攀升，西方学者进一步赋予“治理”更多新含义，即主张政府放权，弱化政府一元主体控制权力，旨在建立多元主体参与、多中心治理，以及治理方式多元化的现代型社会。中国共产党在坚持马克思主义国家学说的基础上，积极探索符合我国国情和社会发展规律的社会治理模式，逐渐形成“党委领导、政府负责、社会协同、公众参与、法治保障的社会治理体制”①。在制度视域下，社会治理所追求的是社会的和谐性、有序性，所要维护的是社会秩序理性。无论社会治理出于社会经济发展的利益需要，还是政治民主的群体关照，都要建立在一定平稳、有序的社会秩序前提之下。当前社会利益分配多元化、个体价值需求多样化的现实条件下，各种不确定性因素相互交织，在一定程度上增加了社会治理难度。在行动导向下，社会治理遵循“化繁为简”“按图索骥”的实践逻辑，使社会治理的制度化发展成为近年来的目标追寻。遵照一定价值准则与理性逻辑思维，将各类社会问题纳入制度建设框架，按照一定制度程序去纾解各类社会矛盾，是社会治理效能提升的基本手段。从现代性意义上看，社会治理的基本逻辑坐标轴集中表现为民主与法治的价值追求，通过建立以民主与法治为核心的社会治理话语建构与运行体系，使社会交往与实践能够得到既合理又有效的发展评价。社会治理是多元主体的协同治理，各项治理主体处在同一平等的基础上，以民主、协同的方式共同参与社会治理，既包含各类社会问题的相互治理，也包含社会基层组织的自我治理。就法治而言，意味着社会生活的一切都需要有依有据、有章可循，为了维护规则权威和使社会成员体会公平正义的价值追寻，就必须使社会生活中的每一方面处于制度控制之下。社会治理的这一民主、法治的制度化过程，即社会主义核心价值观在社会范围的教育、引导、规范、制度化的过程，二者在此意义上相辅相成。

---

①习近平. 决胜全面建成小康社会 夺取新时代中国特色社会主义伟大胜利：在中国共产党第十九次全国代表大会上的报告［M］. 北京：人民出版社，2017：49.

社会治理是一种动态的、软性制度规范，社会主义核心价值观教育内蕴其中，相得益彰。新时代，将社会主义核心价值观教育融入社会治理，既是社会治理走向“善治”的必然要求，也是提升价值观教育实效性、形塑价值观教育制度化发展的基本路径，是社会层面价值观教育制度化发展的重要手段。从行为主义理论来看，个体在实践交往中总是带有一定思想倾向性①，并表现出各自独特的思想动机与价值追求，但在社会中生活的个体是在一定制度环境下有序生活与发展，只有这样才能保证人人的自由生活权利与发展目标的实现。社会治理，即社会主义核心价值观教育及其制度化的基本策略，社会成员由于自身行为习惯的不同而形成各自品格与价值倾向，社会治理是通过对个体行为习惯的引导、调节、奖惩，使个体能够认识到自身价值动机与行为结果对社会的关联与影响，从行为规范入手架构思想规范的现实桥梁。“从小养成这样的习惯还是那样的习惯绝不是小事。正相反，它非常重要，或宁可说，它最重要。”② 个体德性来自个人的努力与提升，通过习惯，个体德性变得可知和稳固。价值观教育更是如此，行为彰显价值，价值依托行为展现，教育的使命在于培养个体良好习惯、塑造美好价值追求。社会治理依托社会主义核心价值观的价值准则与目标导向，为全体社会成员建立一种直接体验式的制度环境，既提供社会成员生存与发展的良好环境，又为人们社会权利的获取与行使提供现实平台，从而使人们不断在社会治理参与、享用过程中，内化社会主义核心价值追求，对照、纠正自身不良行为习惯，加深对社会共同利益、共同价值追求的认识与追逐，达成社会价值共识。特别是在青少年的价值观教育过程中，应更加注重社会范围的实践性学习教育，将价值观教育凝结在青少年参与社会交往与实践的活动中，通过实践交往与社会政治生活的自觉参与，加深思想理论认知，体会价值规范的现实表现与

①一些行为主义心理学家认为，人们在生活中受到自然和社会两方面的刺激，人们在长期的社会生活中，经过各种各样的“刺激－反应”而不断塑造着自身的思想、情感、性格等，并逐渐表现出个体的行为习惯。习惯是思想的行为表现，它同人的价值观念、思想意识密切相关。亚里士多德说我们是通过做公正的事情而成为公正的人、做节制的事情而成为节制的人、做勇敢的事情而成为勇敢的人，同样，我们也是通过做某种事情而形成某种习惯的。

②亚里士多德. 尼各马可伦理学［M］. 廖申白，译. 北京：商务印书馆，2003：37.

重要意义。

社会主义核心价值观教育链接社会治理制度化，需要从多方面着手，如治理主体、治理过程管控、多元治理主体协同发挥、治理载体与平台利用等，而且考虑我国各地区经济发展水平与风土人情的差异，各地也要结合各自特色，充分挖掘本地文化资源。需要注意的是，社会治理是现代社会文明的必然进程，也是一项复杂的制度化过程，绝非是西方学者鼓吹的无政府主义论，而恰恰相反，党政权力部门必须在社会治理多元主体中发挥领导、协同作用，没有组织协同各社会主体的关键力量，将只能停留在理论言说层面，无法落实。因此，政府在管理社会各项事业时，也应积极打造服务型政府，担负起保障社会和谐秩序、提供社会公共服务的责任。

新时代社会主义核心价值观教育链接社会治理制度化应具体体现在以下四个方面。一是形成党委领导、政府主管的多元社会治理主体协同机制，发挥多元主体的主体间性与协调配合功能。办好中国事情，关键在党。社会治理要在各级党委集中领导下进行，以社会主义核心价值观为精神依托，统一全党共识。各级政府在履行各自社会管理职能时，坚持服务型政府建设方向，广泛同各类社会群体协商对话，打造民主、平等、公正的社会环境，同时，注重发挥社会主义核心价值观的文化育人、文化塑人的作用，统一各类文化产业、文化产品的核心价值追求，积极创作群众喜闻乐见的文化精品。二是将社会主义核心价值观融入社会治理全过程，在教育中链接治理，在治理中强化教育。核心价值观融入社会治理全过程，旨在通过建立风险调控预警系统、多元主体利益表达平台，建立全民可时时参与的社会各类冲突、矛盾化解机制，以建立风清气正的社会氛围，净化价值观教育环境。三是以社会主义核心价值观为引导，关照群众生活，注重社会治理生活化走向，完善市民公约、乡规民约、行业规范、家风家教等。生活场景是人们接触的“第一社会环境”，是人们对核心价值观理解、认同、践行的基本现实单位，也是社会治理的重要场所。人们的日常生活往往是在情境中进行的，“虽然每一个情境都是独特的、不可复制的，但是同一类型的日常情境又总是在不断地重复着对某种社会历史意义的合法化建构和再生产”①，使日常生活对于社会成员而言具有高度重复性与熟悉性。社会治理应以人们生活为切入点，规范个体价值行为，使核心价值观变成可感知的、可实践操作的、可从众模仿的行为守则，不断地固化个体行为习惯，以提升核心价值教育成效。四是建立以社会主义核心价值观为引领的社会治理制度体系。社会治理是一项长期的社会发展过程，也是不断同社会主义核心价值观相互嵌接、相互磨合的制度化过程，制度设计应对照社会主义核心价值观的价值要求，提升社会主义核心价值观在社会治理中的刚性约束力，利用制度权威性、普遍性、惩戒性的优势，提高各类践踏核心价值要求的惩罚成本。同时要打造以人民为中心的社会治理制度评测体系，实现制度同人的多向互动，不断优化制度。

第二节　弘扬中国精神，凝聚价值共识

社会主义核心价值观来源于每个“现实的个人”的实践交往，是对人实践经验的抽象概括及价值表达，表现出每个人对良善是非、优劣美丑价值判断及理想追求的普遍理性认知。“社会主义核心价值观，集中体现了当代中国精神，凝结着全体人民共同的价值追求，是凝聚人心、汇聚民力的强大力量。”② 新时代，要以时代新人培育为着力点，充分把握人成长成才、价值观养成的“拔节孕穗”关键期，以社会主义核心价值观培育为有力抓手，广泛弘扬中国精神、汇集全社会奋斗力量、凝聚价值共识。

一、社会主义核心价值观是当代中国精神的集中体现

中国精神贯穿中华民族五千年历史，传承中华优秀传统文化、中国共产党领导

①郑震. 论日常生活［J］. 社会学研究，2013（1）：65－88.

②中共中央宣传部. 习近平新时代中国特色社会主义思想学习纲要：2023 年版［M］. 北京：学习出版社，2023：190.

下的红色革命文化和社会主义先进文化而凝结成的思想理论、价值观念和精神风貌。"一个民族、一个国家的核心价值观必须同这个民族、这个国家的历史文化相契合，同这个民族、这个国家的人民正在进行的奋斗相结合，同这个民族、这个国家需要解决的时代问题相适应。"①

当代中国精神，是以"爱国主义"为核心的民族精神和以"改革创新"为核心的时代精神的有机统一。习近平总书记在纪念五四运动100周年大会上强调，"爱国主义自古以来就流淌在中华民族血脉之中，去不掉，打不破，灭不了，是中国人民和中华民族维护民族独立和民族尊严的强大精神动力"②。"此外，爱国主义是我们民族精神的核心，是中国人民和中华民族同心同德、自强不息的精神纽带。"③ 在爱国主义理想感召下，中华儿女书写了"浴血奋战、百折不挠""自力更生、发愤图强""解放思想、锐意进取""自信自强、守正创新"的可歌可泣动人故事，创造了诸多闻名于世的人类文明，绽放出独属于中华民族、中华儿女的自立、自信、自强的精神气质、良善品格。每个时代都有每个时代的鲜明精神面貌。"改革开放铸就的伟大改革开放精神，极大丰富了民族精神内涵，成为当代中国人民最鲜明的精神标识!"④ 改革创新是社会主义国家自我发展、自我提高的内在动力，党和国家自提出改革开放国家战略以来，逐渐形成对中国特色社会主义社会建设的系统性思考及相对完整的结构体系，逐渐形成发展中国特色社会主义制度、理论、道路、文化等具有中国特色的根本属性特征。改革创新不是"另起炉灶""全盘否定"或"全盘肯定"，也不是"拿来主义""照搬他国经验"，更不是"随意设定"，而是"守正创新"。所谓"守正创新"，即在马克思主义科学理论指导下，融通中华优秀传统文化

①习近平．习近平谈治国理政：第一卷［M］．北京：外文出版社有限责任公司，2018：171.

②中共中央党史和文献研究院．十九大以来重要文献选编：中［M］．北京：中央文献出版社，2021：27.

③中共中央党史和文献研究院．十九大以来重要文献选编：中［M］．北京：中央文献出版社，2021：671.

④中共中央党史和文献研究院．十九大以来重要文献选编（上）［M］．中央文献出版社，2019：726.

根基，立足中国社会主义建设的现实条件、发展要求，将党和国家的“顶层设计”同“摸着石头过河”相统一，坚持问题导向，将阻碍社会发展、无法适应社会发展要求的不良因素加以协调、改良、优化，以满足社会发展要求及人民美好生活向往目标。

时代是历史的见证，思想是时代的精华。“每个时代都有每个时代的精神，每个时代都有每个时代的价值观念。”① 人类进步和文明发展的历史性标志是文化的传承与进步，文化所承载的价值观在历史传承脉络中，将历史的实践经验与本民族集体历史记忆转化为当下的文化自觉、主体自觉，反映时代精神，体现时代内涵。中国五千年的文化发展史有着厚重的历史积淀和绵长的价值辐射，都在潜意识中影响着中国人的精神文化和社会心理。中国共产党领导中国人民创造的红色革命文化和社会主义先进文化，既是对中华优秀传统文化的继承和发展，又是引导中国人民奋发图强、实现中华民族伟大复兴的不竭动力。

其一，中华优秀传统文化为社会主义核心价值观提供滋养，尤其是在价值观念方面提供着具有深厚历史血脉的价值资源。中华优秀传统文化是一个宽泛的概念，涉及各类行业，但在其中凝聚着“民族”“国家”等价值属性，“民族”与“国家”是中华优秀传统文化中始终闪烁的价值观念。“中国人常把民族消融在人类观念里，也常把国家观念消融在天下或世界的观念里。他们只把民族和国家当作一个文化机体，并不存有狭义的民族观与狭义的国家观，‘民族’与‘国家’都只为文化而存在。”② “民族”与“国家”的观点、价值属性只有融入本民族文化之中才能具有本民族的生命力，成为本民族文化的鲜明标识，中华优秀传统文化蕴含丰富的家国情怀，包括中国传统的社会价值观念等，尤其以儒家为代表的传统文化中，家国观念、民族情怀最为核心，如仁义礼智信、礼义廉耻等观念。当代中国提出的社会主义核心价值观，包含国家、社会、个体的价值目标、价值追求与价值准则，这是与中华优秀传统文化相一致的，既是满足时代发展所需，也是传承中华优秀传统文化所需，

①习近平．习近平谈治国理政：第一卷［M］．北京：外文出版社有限责任公司，2018：168.
②钱穆．中国文化史导论：修订本［M］．北京：商务印书馆，1994：23.

是凝聚人们广泛价值共识最深处的文化基因。

其二，革命文化产生于中国共产党领导下的革命斗争时期，是党为维护国家独立、人民幸福所领导人民群众与敌人展开艰苦斗争，最终取得胜利的独特文化形态。革命文化具有深厚的精神内涵，它是中国共产党与人民在革命时期共同的价值追求与向往。革命文化的发展历程也是其革命精神进一步发扬光大的历史。革命文化是一种精神动力，在革命时期，它是中国共产党人坚定革命信念、坚定共产主义方向的昂扬斗志与决心，它也是一种精神力量，使党和人民投身于社会主义事业，为民族复兴作出积极贡献。在革命斗争时期，中国共产党人抛头颅、洒热血，抱着坚定的革命信念，担负起实现国家独立、民族振兴、人民幸福的革命理想与目标，与穷凶极恶的敌人展开殊死搏斗。中国共产党在坚持马克思主义理论的同时，继承中华优秀传统文化，立足革命斗争的实践过程，形成红色的革命文化。在革命文化的形成过程中，有关民主、爱国、敬业、友善的实例数不胜数，这些价值品格与精神展现了中华民族勤劳勇敢、爱好和平、自强不息的民族品格。革命文化为社会主义核心价值观提供了先进理念，同时，社会主义核心价值观也是在新时代下对革命文化的传承与弘扬。这是中华民族艰难前行的历史历程，是当今弘扬爱国主义、奉献的革命精神的历史写照，更是社会主义核心价值观取得共识的又一历史依据。

其三，党领导人民历经近半个世纪的改革开放，中国特色社会主义不断构筑起国家发展的“四梁八柱”，涵盖中国特色社会主义道路、理论、制度、文化等重要维度。这四个维度相互依存，共同统一于中国特色社会主义伟大实践，但其中的“文化”是其发展灵魂，是社会主义事业发展的精神力量，彰显着文化自信的底气。新时代，坚持中国特色社会主义的文化自信，就是坚持以改革创新为核心的时代精神，坚持以爱国主义为核心的民族精神，坚持社会主义核心价值观，不断激活中华优秀传统文化的创造活力，推进时代向前发展，推进马克思主义理论的中国化。新时代，依托社会主义核心价值观的道义力量，是我们坚定文化自信充足的价值底气。从文化的角度看，核心价值观是文化软实力的最深层来源，是提升文化软实力的源泉所在。核心价值观集中体现着当代中国精神，不仅吸取民族精神精华，而且汲取当今时代精神，为文化繁荣发展注入不竭动力。更为关键的是，社会主义核心价值观凝结着全体人民共同的价值追求，体现国家、社会、个人的价值要求和美好愿望，能够凝聚起文化创造的磅礴力量，激发出文化创新的源源动力，这是满足当今时代发展、凝聚社会价值共识的价值源泉。

纵观古今，中华民族之所以能在上下五千年的历史中创造出博大精深的民族文化，并使其生生不息、源远流长，成为世界上唯一没有中断的民族文化，其深层次的原因就在于中华民族文化所特有的包容性与承接性，并且经过几千年历史的冲刷，中华民族文化凝聚成民族精神，并逐渐形塑成核心价值观念。“人类社会发展的历史表明，对一个民族、一个国家来说，最持久、最深层的力量是全社会共同认可的核心价值观。”① 目前，社会主义核心价值观以传承性与中华优秀传统文化相承接、以包容性与人类优秀文明成果相借鉴、以实践性与中国社会现实相偕行、以创新性与时代主题相呼应。面对世界多元文化交流交融交锋，各类意识形态领域的斗争依然存在且日益复杂，中华文化正以激昂的姿态奋力走向世界舞台中央，挖掘其深层次的原因，归结于社会主义核心价值观的强大生命力与推动力。社会主义核心价值观承接于五千年亘古不变的中华文明，体现一代代中华儿女独立昂扬的奋斗姿态，正是其历史性与现代性，使其具有更加广泛的价值共识，也使其具有鲜活的生命力。这种生命力具体表现为国家繁荣发展的价值引领力、社会安定和谐的支撑力、公民自由全面发展的感召力与推动力。

一种文化能否长久生存、相继发展，取决于其内在的感召力，而文化感召力的存在与否更源于文化内在的核心价值观的感召力。优秀的文化总能给人以力量，使人以昂扬奋进的状态工作、生活。社会主义核心价值观以马克思主义为指导，植根于中华优秀传统文化，承接于红色革命文化、社会主义先进文化，立足当代中国改革开放和社会主义现代化建设的生动实践，融合社会主义发展需要与时代发展要求，体现中华儿女的精神风貌，代表中国最广大人民的根本利益，表达出实现中华民族

①习近平. 习近平谈治国理政：第一卷［M］. 北京：外文出版社有限责任公司，2018：168.

伟大复兴的共同期盼，是凝聚当代国人奋勇向前的精神旗帜，是实现伟大复兴梦想的集结号角。社会主义核心价值观作为当代中国共同的价值共识，以其独有的真理性、实践性、民族性赋予其深厚的文化历史底蕴与强劲的感召力。社会主义核心价值观是中国精神的核心与灵魂，决定中国精神的内容与取向，如习近平总书记所言，“核心价值观，承载着一个民族、一个国家的精神追求，体现着一个社会评判是非曲直的价值标准”①。社会主义核心价值观，为中国精神的当代塑造与弘扬指明了正确方向。放眼世界文化舞台，内蕴社会主义核心价值观的中华文化不断加强与世界先进文化的交流互鉴，既对外展示中华文化魅力，又吸纳外来文化有益成分，以高度的文化自信推动民族的文化走向世界。社会主义核心价值观以其强劲感召力，感召中华儿女以永不懈怠的精神状态和一往无前的奋斗姿态同心同德、团结奋斗，以此引领社会思潮健康发展，这是无比广阔的文化舞台，也是可以将中华儿女凝聚起来的价值共识，还是加速世界文明发展的力量。新时代，我们要坚持共同的理想信念、价值理念、道德观念，弘扬中华优秀传统文化、革命文化、社会主义先进文化，促进全体人民在思想上精神上紧紧团结在一起。

民族精神与时代精神所铸就的中国精神，是在中华民族优秀传统文明同马克思主义科学理论指导下所形成的精神产物，对新时代发展中国特色社会主义、建设中国式现代化具有重要意义。中华优秀传统文化同马克思主义理论的有机结合，“让马克思主义成为中国的，中华优秀传统文化成为现代的，让经由‘结合’而形成的新文化成为中国式现代化的文化形态”②。社会主义核心价值观，以马克思主义理论为指导，深蕴中华优秀传统文化、优秀传统价值根基，植根于中国共产党领导的百年奋斗实践历程，不断形成独属于中国民族特色，并且能够指导当前社会主义发展事业，满足人民美好生活精神追求的价值规范、价值取向及价值理想。社会主义核心价值观是当代中国精神的价值呈现，也是植根于广大国人现实生活实践探索的价值理想、思想精华，是凝心聚魂、团结奋斗的价值共识、思想共识、社会共识。

①习近平. 习近平谈治国理政：第一卷［M］. 北京：外文出版社有限责任公司，2018：168.

②习近平. 在文化传承发展座谈会上的讲话［M］. 北京：人民出版社，2023：6.

社会主义核心价值观既是对中国精神丰富内涵、根本特征的集中表现，又是对中国精神在新时代下话语体系的继承与创新。可以说，社会主义核心价值观是当代中国的精神名片。一是社会主义核心价值观倡导富强、民主、文明、和谐的价值目标，是当代中国精神国家层面的价值表达与现实追求，是当代中国精神的基本标识，是全体国人的共同愿望和民族复兴情怀的意志表达。富强、民主、文明、和谐的国家价值观念深深印刻在中华优秀传统文化之中，熔铸在当代中国特色社会主义现代化建设的伟大实践中，并以国家发展的战略目标为核心，积极倡导构建人类命运共同体，积极推动构建新型国际关系。因此，从国家价值层面价值目标的表达中，蕴含国人对实现民族复兴、追求世界和平，为世界人民谋大同的宏伟愿望，这是中国精神的当代内涵和世界意义。二是社会主义核心价值观倡导的自由、平等、公正、法治的社会层面的价值规范追求，是当代中国精神在社会层面的集中体现和现实发展要求。每一社会有每一社会独特的精神风貌，这既是区分每一人类文明的独特坐标，也是一个社会实现继续向前演进的持久动力，又是社会思想领域的精华所在。自由、平等、公正、法治是当代中国特色社会主义事业发展所持的规范性要求与价值取向，体现了全体人民对美好生活的向往与奋力追求美好生活愿望的主体价值选择与行动自觉，将其融入人民的生活之中，既是国家发展所需，也是保障人民幸福生活的根本遵循，又是为契合社会主义现代化强国奋斗目标而建构的新的社会发展机制的价值尺度与精神指引。三是社会主义核心价值观倡导的爱国、敬业、诚信、友善的个体价值准则，是当代中国精神在社会公众层面的集中体现和实践要求，即爱国、敬业、诚信、友善成为当代中国人民永恒不断的民族标签与时代品格。爱国精神是崇高的个人品格，如报效祖国、忠于人民等。敬业精神是人们对从事的事业和职业持有的奉献和奋斗精神，有着崇高的事业和职业理想、信念、责任及深厚情感。在中国特色社会主义建设实践中，显现出甘于奉献、顽强拼搏、勇于担当、奋力作为、改革创新的精神品格。诚信和友善是调节人与人、人与社会关系的基本道德规范，是构建和谐的人际关系和社会关系的伦理准则，每一社会成员都应具有诚实守信、亲和友善的道德品行和伦理精神。

二、社会主义核心价值观是凝聚人心、汇聚民力的强大力量

社会主义核心价值观发挥着对各类社会思潮整合、塑造的作用，特别是对于社会价值规范，个体世界观、人生观、价值观的整体塑造具有重要作用，从而在此基础上形成广泛的社会认同，普遍价值共识。社会思潮往往对社会发展及其价值取向产生重要作用，但是它作为一种社会意识亦有善恶、优良、先进与腐朽之分。科学、先进的社会思潮在一定程度上能够促进社会实践、社会现代化治理方式的变革，并规范人们思想与行为，促进人的全面发展。

价值共识，是指人们在现实的实践活动中通过互相交往，透过主体间相互思想沟通与交流，在价值观念上形成某种协调、一致的意见。它有两种基本形式：一是价值认同，即人们被交往对象的价值观念所同化，自觉或不自觉地赞同和接受对方的价值观念；二是价值认异，虽然人们并不赞同和接受交往对象所持有的价值观念，但能够理解对方所持价值观念产生的缘由和根据，并由此包容、体谅和尊重它。从本质上讲，“价值共识”来自多元文化的交流与交锋，是多样价值观交往下产生的社会必然，但是它不是简单的“同一”，而是各自相互独立存在，虽然整体的价值取向与价值选择相一致，但其各自的价值观念各有所异，特别是必须注意到“价值共识”与价值观的“同一性”不是一个概念。价值共识对于人们生活与实践具有重要的指导作用，它是个体走向集体，实现人的自由个性与社会整体发展需要相统一的关键一环。在我国，社会主义核心价值观正体现这一理论向导与价值导向的功能，是全社会范围内所共同的价值认同、价值共识。

作为不同价值观念交往的结果，价值共识的形成主要有两种基本形式：一是价值认同，二是价值认异。所谓价值认同，是指人们在价值观念交往的过程中，个体被对方的价值观念所同化，能够理解、支持、赞同和接受对方的价值观念。价值认同有三种情况。第一，相互交往的人们原本持有根本对立的价值观念，但经过交往缓解了彼此之间的对立关系，其中一方部分或全盘接受和赞同了对方的价值观念。第二，相互交往的人们持有较大差异但不对立的价值观念，经过交往弥合了价值观

念的差异，其中一方吸纳并接受了对方的价值观念来填补自己价值观念上的空白。第三，相互交往的人们原本持有相同的价值观念，通过交往后，彼此加深了相同价值观念的认同，产生强烈共鸣。价值认异则指人们在价值观念交往过程中，虽然彼此并不赞同或接受对方所持的价值观念，但通过了解彼此之间社会实践经历、文化教育背景、社会地位、家庭环境等方面的差异，而在一定程度上理解对方所持价值观念并尽量包容、理解、尊重不同的价值观念。价值认同与价值认异同属于价值认同的整体框架，二者虽有各自特征，但最终都表现为同一指向，即彼此尊重、理解、接受对方的价值观念，这是构成价值共识的根本指向。在这一过程中，潜移默化地实现了彼此价值观念重塑的功能，它具有以往自身价值观念所不具有的内容，这是价值共识的基本功能。与此相一致，社会主义核心价值观对各类社会思潮的整合，既不是简单的同化，更不是强求一律，而是引领性整合，是对各类思想观念的规范与重塑，使社会主义核心价值观在同各类思潮作斗争的过程中实现价值认同，以海乃百川的开放姿态最大限度地融合多样价值取向，寻求最大的价值共识。

“任何一个社会都存在多种多样的价值观念和价值取向，要把全社会意志和力量凝聚起来，必须有一套与经济基础和政治制度相适应，并能形成广泛社会共识的核心价值观。”① 在中华民族久经磨难而生生不息的历史岁月中，能够把中华儿女凝聚起来，同仇敌忾，取得民族独立与解放、国家富强与振兴、人民安康与幸福的，乃是我们坚守的核心价值观，这是中华民族从骨子里就已经存在的民族魂魄，是凝聚全中华儿女的价值共识。经过历史与现实的打磨，我们总结并提炼出的社会主义核心价值观乃是当代我国价值追求的具体表达，通过凝魂聚气、凝心聚力，把全民族的精神追求统一凝聚到中国特色社会主义事业的建设上来，并以坚定的信念奋力实现中华民族的伟大复兴。历史与现实能够证明的是，社会主义核心价值观作为当代国人的价值共识，是汇聚实现全面建成小康社会的强大力量，是实现中华民族复兴梦不懈的精神追求，不但如此，它更是历史中一代代国人共有的价值观念，是历史

①中共中央党史和文献研究院. 习近平关于社会主义文化建设论述摘编［M］. 北京：中央文献出版社，2017：106.

与现实的价值共识。

社会主义核心价值观作为当代社会凝聚人心、汇聚民力的强大力量，不仅是来自社会秩序的外力推动，也是由其思想理论本身所富含的真理性品格所决定的。所谓真理性品格，是指社会主义核心价值观是以马克思主义为指导的，是被历史与实践所证明了的科学的价值观，它能够给人以正确的价值导向，帮助人们实现自我价值。它是马克思主义理论关于当代中国意识形态领域建设的理论凝结，是当代马克思作为指导国家建设、社会发展、人自我价值实现的具体方法论。马克思主义是关于自然界、人类社会和思维发展的科学理论，是科学的世界观和方法论，能够帮助人们正确认识和揭示客观事物的本质及其发展变化规律。复杂性、迷惑性、诱导性是当代社会思潮的重要特征，一些错误的社会思潮往往打着“科学”的幌子，向民众传递似是而非、带有迷惑性的思想和观点。甚至冠冕堂皇地打着人类思想精华的旗帜招摇撞骗，掩盖其误导民众、扰乱社会的丑恶面孔。如西方的“普世价值”“新自由主义思潮”，以及一些民众所推崇的新形势下的历史虚无主义思潮。否定人民群众的历史功绩，影响人们思想观念。社会主义核心价值则以科学的社会发展规律把握各类错误社会思潮的本质，揭示其荒谬性，从根源上纠正此类错误思想，帮助人们廓清思想上的迷雾，这样的社会思潮净化功能，恰恰是社会主义核心价值观本质优越性的表现，也是其能够成为价值共识，凝聚全社会力量的根源所在。

因此，社会有机体的存续与发展需要有一既可彰显对未来理想社会建构目标的价值引领，又可在协调、整合、规范当前社会发展利益、矛盾、冲突等现实问题中发挥规范与评价导向意义的核心价值观，以此形成对社会成员思想、观念、行为等方面的协同与整合。事实证明，良好的社会核心价值观能够对国家发展和民族进步发挥重要积极作用，有良好社会核心价值观引领的民族和国家，在此环境下，人们便会因共同的价值理想与普遍信念而具有凝聚力、引领力、感召力，对激发全体社会成员实现理想目标的主体活力、激情具有重要作用。马克思与恩格斯从唯物史观视域阐释人的发展同社会群体交往、社会现有发展条件的关系，认为“个人对一定关系和一定活动方式的依赖恰恰是由物质生产和物质交往决定的”[①]，以及“一个人的发展取决于和他直接或间接进行交往的其他一切人的发展；彼此发生关系的个人的世世代代是相互联系的，后代的肉体的存在是由他们的前代决定的，后代继承着前代积累起来的生产力和交往形式，这就决定了他们这一代的相互联系”[②]。个体的发展同社会发展、国家进步、民族复兴是相一致、相同步的，每个人的自由全面发展、对未来社会理想信仰的坚定及对正义价值观念的追求，不仅构成每个人自我成长、自我协调、自我提升的内在动力及情感支撑，而且在广泛的社会交往中，每个人的思想观念、行为实践又进一步同其他人在实践交往过程中发挥着价值传递、学习、模范、影响的功效，在长此以往的交往实践中逐渐形成该社会生产条件下相互统一的思想共识及社会核心价值观念。社会核心价值观绝不是脱离社会现实而孤立存在的精神意识，它既是一定社会存在在人们思想观念中的反映，又以合法性、道义性价值追求反作用于人们的实践交往与世界改造，形成团结全体社会成员的共有价值追求，以及形成人们进一步认识世界、改造世界的“物质力量”。“物质存在方式虽然是始因，但是这并不排斥思想领域，也反过来对物质存在方式起作用。”[③] 正如习近平总书记所言，“人民有信仰、国家有力量、民族有希望”[④]。社会核心价值观在给予人一定价值认知、价值取向、价值评价、价值判断基础上，赋予人对自身成长与发展的道义性追求与合法性的理性思维，这对引导人向上、向善发展具有重要引领作用，同时作为一定价值规范的外在彰显，对协调、主宰人的心灵秩序具有重要现实意义。“理想的社会状态应该是人们的心灵秩序、行为秩序和社会秩序的三位一体，而且其逻辑关系应该是核心价值对社会成员思想、心灵、行为的统摄与引

①马克思，恩格斯．马克思恩格斯全集：第三卷［M］．中共中央马克思恩格斯列宁斯大林著作编译局，译．北京：人民出版社，2002：460－461.

②马克思，恩格斯．马克思恩格斯全集：第三卷［M］．中共中央马克思恩格斯列宁斯大林著作编译局，译．北京：人民出版社，2002：515.

③马克思，恩格斯．马克思恩格斯文集（第10卷）［M］．中共中央马克思恩格斯列宁斯大林著作编译局，译．北京：人民出版社，2009：586.

④习近平．习近平书信选集：第一卷［M］．北京：中央文献出版社，2022：231.

导，使社会成员形成一定的心灵秩序和行为秩序，进而形成社会秩序。”[①] 人们有了心灵秩序，就自然有了具有良善价值引领的思想秩序、行为秩序及社会秩序。社会主义核心价值观是社会主义科学价值观由理论到实践、中华民族优秀传统价值观念由传统到现代、中国特色社会主义实践由现实到理想三个不同维度、不同层面的有机统一，是引领全体中华儿女实现中国式现代化的精神力量，是向世界展现中国精神的亮丽名片。

三、社会主义核心价值观是巩固马克思主义意识形态阵地的有力抓手

面对世界范围的思想文化交流交融交锋形势下价值观较量的新形势、国内改革开放和社会主义市场经济发展新需求，为国家发展、民族振兴、社会进步、人民幸福凝聚强大能量，社会主义核心价值观成为新时代意识形态建设的迫切之需。“一个国家的文化软实力，从根本上说，取决于其核心价值观的生命力、凝聚力、感召力”，“历史和现实都表明，构建具有强大感召力的核心价值观，关系社会和谐稳定，关系国家长治久安”[②]。2014 年，中共中央政治局就培育和弘扬社会主义核心价值观、弘扬中华传统美德进行第十三次学习。中共中央总书记习近平在主持学习时强调，“把培育和弘扬社会主义核心价值观作为凝魂聚气、强基固本的基础工程，继承和发扬中华优秀文化和传统美德，广泛开展社会主义核心价值观宣传教育，积极引导人们讲道德、尊道德、守道德，追求高尚的道德理想，不断夯实中国特色社会主义的思想道德基础。总体来看，社会主义核心价值观是凝聚全民族、全社会的宏大力量，是最基本、最广泛的价值共识。

社会主义核心价值观体现社会主义意识形态的本质要求。社会主义意识形态是指建立在社会主义经济基础之上并为其服务，保障其正向发展的系统化、理论化的思想体系，它属于上层建筑的范畴，在上层建筑领域起着统领、核心的作用。在我

①王淑芹．论社会主义核心价值观建设的原则［J］．哲学研究，2019（5）：26－32．

②习近平．习近平谈治国理政：第一卷［M］．北京：外文出版社有限责任公司，2018：163．

国社会主义意识形态系统中，包含中国特色社会主义建设的指导思想、共同理想、社会主义核心价值观、社会主义先进文化及科学的社会意识形态。社会主义意识形态的作用主要表现为以下方面：规范、保障社会主义性质的发展方向不动摇，确保其性质不变，具有一定的导向作用；以社会主义意识形态为核心，强化对经济、政治、文化、社会、生态文明建设的统一管理，围绕实现中国特色社会主义共同理想和社会主义奋斗目标而加快发展，具有引领、保障作用。实现对全体成果的凝聚、价值导向引领，保障社会主义发展事业有源源不断的生力军，发挥激励、聚合作用。这既是国家与社会发展现实所需，也是个体实现人生价值目标根本属性所在。“为了更好地奋斗，承受牺牲，人们需要意识形态的激励，他们需要某些东西成为信仰的对象。”① 社会主义核心价值观作为社会主义意识形态中的核心内容，集聚意识形态整体的价值观念表达和价值呈现，也是由理论走向实践的现实价值导向，这一核心价值观念的核心是，以实现人民对美好生活向往的奋斗目标为核心而展开，是人民利益获得和满足的价值观念表达，这也正是社会主义意识形态的本质要求。

社会主义核心价值观体现了社会主义发展的本质规定。社会主义的本质规定是解放生产力，发展生产力，实现共同富裕。社会主义核心价值观在国家层面倡导“富强、民主、文明、和谐”的价值目标，是对社会主义本质规定的体现与坚持，合乎社会生产力高度发达和实现共同富裕发展目标的价值追求。社会主义核心价值观中“富强”的价值目标，能够激发社会生产活力，凝聚全社会劳动者的主体活力与智慧，同时又为“民主、文明、和谐”等价值目标提供物质前提。保障国家发展与人民生活所需的物质产品与精神产品，“民主、文明、和谐”价值目标的实现与携行，需要通过以物质生产力和精神生产力为内容的利益的合理分配，统筹协调好“效率”与“公平”的关系，最终实现利益获得和享用的合理性与公正性。社会主义核心价值观在社会层面倡导的“自由、平等、公正、法治”价值规范，体现了发展生产力与实现共同富裕共同目标的社会发展体制、机制的创新性发展，发展中国特

①麦可尔·罗斯金. 政治科学［M］. 林震，译. 北京：华夏出版社，2001：105.

色社会主义市场经济体系，创新经济发展活力，保障社会发展良好秩序，需要建立“自由、平等、公正、法治”的社会主义现代化社会，这既是保障国家发展的价值规范，也是公民融入社会、实现个体价值的基本价值遵循。社会主义核心价值观在公民个体层面倡导的“爱国、敬业、诚信、友善”作为价值准则，是公民个体必须遵循的价值规范，它既是社会规范要求，又是公民从事各类社会生活基本的价值导向。只有公民自觉践行核心价值观，怀有崇高的爱国情怀和敬业品德，才能不断为社会发展贡献智慧和力量，为国家事业的整体发展提供源源不断的动力支撑。

党的十八大以来，面对当前社会发展的现实困境，以习近平同志为核心的党中央高度重视意识形态领域的建设工作，反复强调坚持巩固马克思主义在意识形态领域的领导地位不动摇，坚持用社会主义核心价值观激浊扬清，从而起到引领社会思潮、凝聚社会共识的价值功能。新时代，社会主义主流意识形态与多样化社会思潮长期并存、相互激荡的趋势更加显著，多样化的社会思潮对人们的思想观念、价值趋向、实践养成产生了直接或间接的影响。面对多元化社会思潮的涌动与嬗变，如何在多元中立主导、多样中谋共识、多变中求稳定，牢牢掌握党在意识形态领域的领导权，成为新时代党和国家一项极其重要的工作。习近平总书记在党的十九大报告中指出：“必须推进马克思主义中国化时代化大众化，建设具有强大凝聚力和引领力的社会主义意识形态，使全体人民在理想信念、价值理念、道德观念上紧紧团结在一起。”① 2018 年，习近平总书记在全国宣传思想工作会议上多次强调意识形态问题，并指出“建设具有强大凝聚力和引领力的社会主义意识形态，是全党特别是宣传思想战线必须担负起的一个战略任务”。习近平总书记的重要讲话创造性地回答了新时代要建设社会主义意识形态的时代背景，以及建设什么样的社会主义意识形态和如何建设社会主义意识形态等时代课题，为引领社会思潮指明了方向。

①习近平. 决胜全面建成小康社会夺取新时代中国特色社会主义伟大胜利：在中国共产党第十九次全国代表大会上的报告［M］. 北京：人民出版社，2017：41.

第三节 坚定文化自信，铸就共同理想

理想从来不是高不可攀的、无法触及的遥远未来，而是人们现实中经过努力可以达成的“理想国”与“桃花源”。理想之所以成为理想，是因为它是价值主体对未来社会的精神期盼，是一种“美”的享受，具有最高的价值统领，是人们生活中不可或缺的精神之“钙”。人的一生就是一个树立理想、追逐理想，以及努力实现理想的过程。理想是人们为之奋斗不止的未来的远大目标，是对未来预测基础上根据现实条件与主体利益需要，而量身定做出的奋斗目标，是主体期望在未来能够实现的现实客观存在。

理想是人们对未来的美好期许，是人们的一种关于未来“美”的情感体验，它具有最高价值统领。理想是人们追求的最高价值目标，是支配人们行动的重要动力之一。价值理想是在现实价值活动过程中产生的，是对现实世界的某种价值反映，它由人类的主观想象所产生。准确地说，价值理想产生于对现实中所缺乏的价值的反映，它本身是现实中所缺乏的价值需求，是对现实的预测性的反映，是对“应有”的价值的反映。价值理想应更多地体现为主体对他人、社会所作贡献的理想追求，是对理想价值的追求，如理想社会、理想人格、道德理想、事业理想等。价值理想是关于价值的理想或理想的价值，不是一般的价值，是对未来的更加美好的价值追求，它高于现实价值。价值理想是人生价值的核心，并激励人们加倍努力以实现理想，因此它终究对人的行为和人生具有重要的导向与调节作用。

一、社会主义核心价值观是筑牢中国特色社会主义共同理想的必然要求

理想是人生的指明灯，依据价值主体属性的差异性，可将理想分为个人理想与

共同理想。所谓个人理想，即每一“现实的个人”的理想，其追求主体是“单数主体”①，是个体在现实生活中围绕自身成长与发展所需及价值追求所设定的目标愿望，如对于健康、财富、权利、容貌、家庭等方面的理想追求。共同理想则是全体社会成员价值理想的普遍性概括，是每一“现实的个人”理想目标的最大公约数，其追求主体是“复数主体”②，它是全体社会成员关于社会交往及生活实践的普遍性理想目标，如关于国家安全、社会稳定、公民权利保障、生态环境、生活空间、民俗风气、行为习惯等方面的集合、聚集，既包含每一个体的价值理想设定，又承载全体社会成员对于理想社会发展目标的普遍性概括，符合大多数人发展的根本利益。根据价值主体所涵盖的地域范围，可将共同理想进一步划分为世界理想、国家理想、民族理想、社会理想、地区理想及团体理想等不同层属。具体而言，新时代我国共同理想就是在中国共产党领导中华儿女百年奋斗征程中，承接中华民族优秀传统价值根脉，汲取马克思、恩格斯关于共产主义远大理想目标要义，立足中国特色社会主义伟大实践要求及人民美好生活夙愿，在具体历史实践交往过程中不断形成的具有本民族特色、符合时代发展要求、汲取共产党人精神信念、反映全体社会成员根本利益的社会共同理想追求。新时代新征程，我们要“牢固树立共产主义远大理想和中国特色社会主义共同理想，培育和践行社会主义核心价值观……更好构筑中国精神、中国价值、中国力量，为人民提供精神指引”③。

共同理想赋予个人理想的正向价值引领，共同理想是以众多个人理想为基础而形成与发展的，由众多个人理想提炼、概括、总结、加工及升华而形成的共有理想目标。共同理想实践的过程既是全体社会成员共有价值追求付诸行动的过程，也是个人理想得以实现的过程。价值理想的主体是每一个活生生的、现实的个人，人是价值理想的组织者、实施者、享有者，“全部人类历史的第一个前提无疑是有生命的

①贺来.“共同理想”与“个人理想”：划界与一致——对“共同理想”与“个人理想”关系的前提性思考［J］. 吉林大学社会科学学报，2016，56（6）：116－122；90.

②同上。

③习近平. 决胜全面建成小康社会 夺取新时代中国特色社会主义伟大胜利：在中国共产党第十九次全国代表大会上的报告［M］. 北京：人民出版社，2017：23.

个人的存在”①。从马克思主义唯物史观来看，个人与社会的关系是辩证统一的，个人成长发展所需的现实条件及实践交往逐步形成较为广泛的社会交往关系，个人是社会形成与发展的基础，离开人的现实活动与实践交往，社会将不复存在，同时社会又是人们现实社会生产力发展结果的客观反映，个人的生产、发展、交换与消费都是以一定社会生产力及相应社会生产关系为前提条件的。“社会——不管其形式如何——是什么呢？是人们交互活动的产物。人们能否自由选择某一社会形式呢？决不能。在人们的生产力发展的一定状况下，就会有一定的交换和消费形式。在生产、交换和消费发展的一定阶段上，就会有相应的社会制度形式、相应的家庭、等级或阶级组织，一句话，就会有相应的市民社会”②。现实社会生产条件反映到人们价值理想的生成与实现上，“个人理想形成和实现是社会共同理想形成和实现的基础，社会大多数成员对社会发展的思考与追求，以及基于个人利益追求但符合他人和社会利益的众多个人理想共同形成的最大公约数，最终促成全社会的共同理想”③。通常而言，人的发展基于对现实生活的需求及理想目标设定而形成对自身的认知，随生活实践的发展及社会交往的日益广泛，人们逐渐形成对他人、现实社会的理性认识，其中不仅包含社会交往的价值规范向度，而且包含对良善社会价值追求的精神向往。人的交往在一定意义上是社会交往，是人的社会属性在现实生活中的反映，任何人都是在一定社会关系中生活和实践的人。马克思认为，“人的本质不是单个人所固有的抽象物，在其现实性上，它是一切社会关系的总和”④，“只有在共同体中，个人

①马克思，恩格斯．马克思恩格斯文集：1843—1848 年［M］．中共中央马克思恩格斯列宁斯大林著作编译局，译．北京：人民出版社，2009：519．

②马克思，恩格斯．马克思恩格斯文集：书信选编［M］．中共中央马克思恩格斯列宁斯大林著作编译局，译．北京：人民出版社，2009：42－43．

③张毅翔．共同理想的生成逻辑和发展实践——兼论中国特色社会主义共同理想的生成和实践要求［J］．教学与研究，2019（1）：68－76．

④马克思，恩格斯．马克思恩格斯文集：1843—1848 年［M］．中共中央马克思恩格斯列宁斯大林著作编译局，译．北京：人民出版社，2009：501．

才能获得全面发展其才能的手段，也就是说，只有在共同体中才可能有个人自由"①。当人们逐渐意识到"为大多数人带来幸福""为人民服务"的"利他性"行为会赋予自己发展及幸福感体验更大能量时，个人理想将同社会共同理想逐渐统一起来，个人的理想追求逐渐形成群体意识，个人同社会交往的关系更加紧密，个人理想追求也将逐渐发展为社会共同体的共同理想。

中国特色社会主义共同理想是最广大人民群众的共同奋斗目标，是新时代个人理想的集合、最大公约数。中国共产党人带领全体中华儿女历经百年奋斗征程，总结探索符合我国国情的社会主义革命、建设、改革道路，逐渐形成具有中国特色的社会主义道路、理论、制度、文化。其中中国特色社会主义共同理想是中国特色社会主义道路的精神指引，是中国特色社会主义理论体系的重要组成部分，是中国特色社会主义制度的本质要求，是中国特色社会主义文化的价值理想呈现。中国特色社会主义共同理想是中国共产党人带领人民历经革命、建设、改革的理想目标阐释，体现着最广大人民的根本利益与现实愿望，是历史的选择、人民的选择，具有深刻的民族情感及理论科学性。"实现中华民族伟大复兴，就是中华民族近代以来最伟大的梦想。这个梦想，凝聚了几代中国人的夙愿，体现了中华民族和中国人民的整体利益，是每一个中华儿女的共同期盼"。②

中国特色社会主义共同理想之所以成为全体社会成员共同的价值理想，来源于它所具有的三种"品质"：第一，它是科学的。中国特色社会主义共同理想以马克思主义关于社会主义国家建设的价值理想为指导，融合中国共产党人百年奋斗征程基本经验，为每一个体成长发展指明正确方向，同时也为每一个体自由而全面发展目标实现提供现实社会团体支持及国家权力保障，以理想社会的价值图式将个体理想同社会共同理想统一到现实社会主义建设的伟大实践中，反映并呈现着中国特色社会主义道路、理论、制度及文化的核心价值要义。第二，它所具有的民族习惯传承

①马克思，恩格斯．马克思恩格斯文集：1843—1848年［M］．中共中央马克思恩格斯列宁斯大林著作编译局，译．北京：人民出版社，2009：571.

②习近平．习近平谈治国理政：第一卷［M］．北京：外文出版社有限责任公司，2018：36.

性。中国特色社会主义共同理想承接中华民族几千年灿烂文明，集千百年中华儿女共同理想夙愿于一身，是中华儿女民族传统习惯、集体记忆及文化品格的当代体现。“中华优秀传统文化的丰富哲学思想、人文精神、教化思想、道德理念等，可以为人们认识和改造世界提供有益启迪，可以为治国理政提供有益启示，也可以为道德建设提供有益启发。”① 中华民族历经千百年逐渐形成中华儿女独有的价值品格，如励精图治、自强不息、勤劳勇敢、忧国忧民、脚踏实地、厚德载物、天下为公、仁者爱人、居安思危等精神追求，既为中华儿女民族习惯的养成提供明确价值规范，也为个人理想塑造提供良善价值观指引，是新时代中国特色社会主义共同理想的重要传统文化资源与民族情感支撑。第三，它能够代表当代中国最广大人民根本利益。中国特色社会主义共同理想既是新时代社会生产、交往发展的目标指向，也是科学理论指导、民族传统承继，又是最广大人民现实交往实践的客观反映，还是最广大人民根本利益的价值浓缩，体现着人民生存与发展的理想目标。中国特色社会主义共同理想集中呈现全体社会成员普遍理想，体现着新时代人民实践交往的内在价值意蕴，同时也以价值理想的形式保障着全体社会成员共有价值规范，为社会共同体的普遍发展树立明确的价值取向，保障着每一个个体现实权益及根本利益的实现。

社会主义核心价值观是中国特色社会主义共同理想的价值呈现，不仅以价值理想的形式将个人理想统一起来，发挥凝心聚力的功能，而且以价值规范、价值取向赋予个人理想奋斗目标的正向价值引导、形塑、规范功能。中国特色社会主义共同理想是社会主义核心价值体系的重要组成部分，集中体现着社会主义核心价值体系的理想追求与核心主题，为新时代中国特色社会主义事业建设提供方向指引，是团结全国各族人民、坚定中国特色社会主义理想信念的精神旗帜。“社会主义核心价值体系由基本原则、核心理念、基本内容、基本特征、总体目标等诸多元素构成，是一个内容极为丰富的理论体系。依据社会主义核心价值体系基本内容凝练出的社会

①习近平. 从延续民族文化血脉中开拓前进各种文明交流交融互学互鉴在纪念孔子诞辰2565周年国际学术研讨会暨国际儒学联合会第五届会员大会开幕会上的讲话（2014年9月24日）[J]. 党建，2014（10）：4－7.

主义核心价值观，体现社会主义核心价值观体系的根本性质和基本特征，反映社会主义核心价值体系的丰富内涵和实践要求，是社会主义核心价值体系内容的高度凝练和集中表达。”① 社会主义核心价值观作为社会主义核心价值体系的抽象性概括，以更具精炼性、生活化的话语表达，为新时代人才培养提供明确的价值理想、价值取向及价值规范。“富强、民主、文明、和谐”是社会主义核心价值观国家层面的价值要义，也是新时代社会主义建设事业的理想目标，是中国特色社会主义共同理想核心要义的价值概括，明确阐释新时代我们要建设什么样的国家，标识着中国特色社会主义建设事业的未来图式及中国式现代化的内在价值维度，这不仅为全体社会成员个人理想的树立与达成提供明确的方向标，而且对于团结全国各族人民、凝聚社会共识具有重要的意义。

新时代培育和践行社会主义核心价值观是筑牢中国特色社会主义共同理想奋斗目标的有力抓手。社会主义核心价值观以国家层面的价值理想、社会层面的价值取向及公民个体层面的价值规范，共同阐释新时代全体社会成员共有价值要旨，不仅包含个体成长所需的良善价值指导，而且呈现着全体社会成员共有价值追求，蕴含中国特色社会主义共同理想的价值遵循及实现路径安排，形成“国家—社会—公民”个体的有机统一，将个体价值指引同社会发展、国家要求统一起来，实现个体理想同社会共同理想的辩证统一。一方面，社会主义核心价值观作为中国共产党领导人民百年奋斗征程的价值精华，不仅反映着全体社会成员的共有精神追求，而且是指导人们奋进新征程，实现第二个百年奋斗目标的旗帜引领，是将中国特色社会主义共同理想以一种生活化、具体化价值规范的形式落实、落细、落小到人们生活实践中的思维意识存在。社会主义核心价值观是人们长此以往实践交往的产物，是对人们美好生活向往追求在思维意识层面的集中反映，既为人们点拨良善的成长发展道路，也以一种全体社会成员共有价值规范的形式保障每一个体美好愿望达成的现实条件。从现实来看，新时代培育社会主义核心价值观不仅是向全体社会成员树立共

①本刊记者. 培育和践行社会主义核心价值观的几个理论前沿问题——访清华大学文科资深教授吴潜涛［J］. 马克思主义研究，2020（12）：15－22.

同理想、凝魂聚力的基础工程，为人的自由而全面发展提供良善价值指引，为人的成长、成才提供明确的价值给养，而且以公民教育、价值规范的形式为每一个体自由而全面发展的现实追寻提供良好的社会秩序、文化条件及制度保障，以此维护和保障着每一个体现实权益及理想追求的现实途径。另一方面，新时代培育与践行社会主义核心价值观的过程，即中国特色社会主义共同理想普遍践行的过程。共同理想的实现离不开全体社会成员的坚持不懈与经久努力，更离不开共有价值规范与理想追求的思想统一为其提供精神动力支撑。“实现‘两个一百年’奋斗目标，需要全社会方方面面同心干，需要全国各族人民心往一处想、劲往一处使。如果一个社会没有共同理想，没有共同目标，没有共同价值观，整体乱哄哄的，那就什么事也办不成。”① 社会主义核心价值观以一种潜意识熔铸到人们实践交往的具体生活中，成为“百姓日用而不知”的价值自觉，这在一定程度上为人们达成共同理想提供统一的思想共识、价值共识、规范共识。

二、社会主义核心价值观是推进中国式现代化建设的精神滋养

把我国建设成为社会主义现代化国家是中国共产党领导全体人民努力奋斗的初心与使命担当。随着党对实现国家现代化探索的逐渐深入、认识愈发深刻，逐渐形成要建设具有中国特色的社会主义现代化发展模式。党的二十大报告明确提出，新时代新征程中国共产党的中心任务就是“团结带领全国各族人民全面建成社会主义现代化强国、实现第二个百年奋斗目标，以中国式现代化全面推进中华民族伟大复兴”②。习近平总书记强调，“中国式现代化，是中国共产党领导的社会主义现代化，既有各国现代化的共同特征，更有基于自己国情的中国特色”③，从我国具体的人口规模、全体人民共同富裕的本质要求、物质文明与精神文明相协调的根本要求、人

①习近平．习近平谈治国理政：第二卷［M］．北京：外文出版社有限责任公司，2017：335.

②习近平．高举中国特色社会主义伟大旗帜 为全面建设社会主义现代化国家而团结奋斗：在中国共产党第二十次全国代表大会上的报告［M］．北京：人民出版社，2022：21.

③习近平．高举中国特色社会主义伟大旗帜 为全面建设社会主义现代化国家而团结奋斗：在中国共产党第二十次全国代表大会上的报告［M］．北京：人民出版社，2022：22.

与自然和谐共生、维护世界和平发展等方面系统阐述中国式现代化的具体内涵及其基本内容。这不仅体现中国共产党人带领人民建成社会主义现代化强国的现实战略安排，而且蕴含中国人民所内在向往、追求的真理尺度与价值尺度的统一，将国家发展与人民生活水平提升的政治经济学理论、马克思主义唯物史观、马克思主义关于人的学说、科学社会主义及中华优秀传统文化等科学理论、民族传统广泛融入中国特色社会主义伟大实践，深刻体现科学社会主义价值观及中华优秀传统价值要求的有机统一。推进中国式现代化，需要进一步丰富人民精神世界、传承中华文明，实现人的自由而全面发展，这不仅需要大力弘扬和培育社会主义核心价值观，为人民精神世界的塑造及精神需求的满足提供正向价值引领，而且需要在培育与践行社会主义核心价值观的过程中，逐步提升人们精神素质、培养健全人格、实现人的自由而全面发展。社会现代化的实现终究是人们实践交往现代化的产物，其本质上是人的进步、人的现代化实现。

中国式现代化具有鲜明的民族价值品格及价值自觉。党的二十大报告明确指出，“中国式现代化是物质文明和精神文明相协调的现代化”①，将“丰富人民精神世界”② 作为中国式现代化九个本质要求之一，并将实现“人民精神文化生活更加丰富，中华民族凝聚力和中华文化影响力不断增强”③ 作为未来五年全面建设社会主义现代化国家开局起步关键期的主要目标任务之一，广泛落实到中国式现代化建设、新时代中国特色社会主义实践中。社会主义核心价值观作为当代中国社会主流价值形态，不仅为全体社会成员标记当代国人所应具备的价值品格、呈现的精神气质，而且为全体社会成员广泛实践、努力奋斗提供明确的方向，它彰显中国式现代化建设的内在价值追求，以一种精神力量的形式鼓舞和形塑着全体社会成员，为中国式

①习近平．高举中国特色社会主义伟大旗帜 为全面建设社会主义现代化国家而团结奋斗：在中国共产党第二十次全国代表大会上的报告［M］．北京：人民出版社，2022：22.

②习近平．高举中国特色社会主义伟大旗帜 为全面建设社会主义现代化国家而团结奋斗：在中国共产党第二十次全国代表大会上的报告［M］．北京：人民出版社，2022：23.

③习近平．高举中国特色社会主义伟大旗帜 为全面建设社会主义现代化国家而团结奋斗：在中国共产党第二十次全国代表大会上的报告［M］．北京：人民出版社，2022：25.

现代化建设提供源源不断的人才力量和和谐有秩的社会氛围。正如习近平总书记所言："中国式现代化蕴含的独特世界观、价值观、历史观、文明观、民主观、生态观等及其伟大实践，是对世界现代化理论和实践的重大创新"。①

在推进中国式现代化中，内蕴弘扬和培育社会主义核心价值观的时代任务与重要意义。推进中国式现代化的本质要求在于实现人的自由而全面发展，这同社会核心价值观培育的根本目的相一致。中国共产党自成立以来，就将实现国家富强、民族复兴、人民幸福作为自己的初心与使命，党的百年奋斗历程历经革命、建设、改革历史进程，逐渐形成独属于中国特色的社会主义建设事业、发展模式，在物质文明、政治文明、社会文明、精神文明及生态文明建设等方面取得一定的成绩。在党领导的社会主义精神文明建设方面，早在新民主主义革命时期，党和国家领导人就将提升人民文化水平作为一项重要工作在解放区全面铺开，中华人民共和国成立后，逐渐形成科学化、体系化的教育培养模式、教育制度，将人的成长成才作为国家发展的一项重要国策落实到国家发展各环节。改革开放伊始，我党就将物质文明与精神文明同步发展作为一项重大时代课题明确到党和国家的各项政策、纲要中，明确我们"搞社会主义精神文明，主要是使我们的各族人民都成为有理想、讲道德、有文化、守纪律的人民"②。步入新时代，党和国家对社会主义精神文明建设事业的认识更加深刻，明确其根本目的在于"丰富人民精神世界，增强人民精神力量，满足人民精神需求"③，并在具体的国家发展过程中，将人民对美好生活的精神向往、正义价值追求落脚到各项政策要求中。如在实现人民共同富裕、全面建成小康社会方面，强调"扶贫要同扶智、扶志结合起来……要注重调动贫困群众的积极性、主动性、创造性……注重激发贫困地区和贫困群众脱贫致富的内在活力，注重提高贫困

①习近平在学习贯彻党的二十大精神研讨班开班式上发表重要讲话强调 正确理解和大力推进中国式现代化 李强主持 赵乐际 王沪宁 蔡奇 丁薛祥 李希出席［N］. 人民日报，2023-02-08 (01).

②邓小平. 邓小平文选［M］. 北京：人民出版社，1994：408.

③中共中央文献研究室. 习近平关于社会主义文化建设论述摘编［M］. 北京：中央文献出版社，2017：26.

地区和贫困群众自我发展能力。要弘扬中华民族传统美德，勤劳致富，勤俭持家”①。在全面深化改革方面，为破解“不患寡而患不均”的利益分配体制机制弊病，维护人民对公平、正义的价值追求，党和国家强调要“以促进社会公平正义、增进人民福祉为出发点和落脚点……加紧建设对保障社会公平正义具有重大作用的制度，逐步建立以权力公平、机会公平、规则公平为主要内容的社会公平保障体系，努力营造公平的社会环境，保证人民平等参与、平等发展权利”②。在全面依法治国方面，党和国家强调要“坚持依法治国和以德治国相结合，依法治国和依规治党有机统一”③，实现党的领导、国家法治建设同尊重人民主体地位、保障人民现实权益与根本利益的有机统一，在推进国家法治化建设过程中，贯彻落实社会主义核心价值观对国家法治建设的价值引领与指导，“牢牢把握社会公平正义这一法治价值追求……要把体现人民利益、反映人民愿望、维护人民权益、增进人民福祉落实到依法治国全过程”④。在全面从严治党方面，“提出和落实新时代党的建设总要求，以党的政治建设统领党的建设各项工作，坚持思想建党和制度治党同向发力”⑤，使“党找到了自我革命这一跳出治乱兴衰历史周期率的第二个答案，自我净化、自我完善、自我革新、自我提高能力显著增强，管党治党宽松软状况得到根本扭转”⑥。中国式现代化建设实践为社会主义核心价值观培育奠定坚实的物质基础、经济支撑、政治保障及思想共识，同时，在推进中国式现代化建设进程中，党和国家早已将社会主义核心价值观的价值理想与价值取向的本质要求渗透在各项建设事业中，落脚到人民对美好生活追寻的各个环节中，并以体制、机制、制度的形式保障和维护着人们

①习近平. 习近平谈治国理政：第二卷［M］. 北京：外文出版社，2017：90.

②习近平. 习近平谈治国理政：第一卷［M］. 北京：外文出版社有限责任公司，2018：95—96.

③习近平. 决胜全面建成小康社会 夺取新时代中国特色社会主义伟大胜利：在中国共产党第十九次全国代表大会上的报告［M］. 北京：人民出版社，2017：22.

④习近平. 习近平谈治国理政：第三卷［M］. 北京：外文出版社，2020：284.

⑤习近平. 高举中国特色社会主义伟大旗帜 为全面建设社会主义现代化国家而团结奋斗：在中国共产党第二十次全国代表大会上的报告［M］. 北京：人民出版社，2022：13.

⑥习近平. 高举中国特色社会主义伟大旗帜 为全面建设社会主义现代化国家而团结奋斗：在中国共产党第二十次全国代表大会上的报告［M］. 北京：人民出版社，2022：14.

共有价值追求及现实权益的实现。

新时代培育与践行社会主义核心价值观是推进中国式现代化，实现物质文明与精神文明同步提升的内在要求与显著优势。从现代化的本质上看，中国式现代化的本质要求在于实现人的全面发展，实现社会物质文明与精神文明的有机统一，归根结底，“现代化的本质是人的现代化”①。人，不仅是现代化建设的推动力量、实施主体，是现代化建设的贡献者、实施者和享有者，同时现代化建设的螺旋式上升发展的趋势又为人的素质提升提出新的要求，以不断适应新的目标发展需要，无论是人对自我提升的内部需要，还是从现代化发展所需的外部条件及内部要求而言，实现人的现代化发展、实现人的全面发展是现代化建设的核心与灵魂。从中国式现代化的根本性质来看，目前所建设的现代化是社会主义性质的现代化，社会主义不仅是中国式现代化建设的当代要求，而且是未来发展的目标指向，“社会主义性质决定了中国式现代化的根本目的在于不断满足生活于这种社会制度之下的全体人民日益增长的美好生活需要，持续促进人自身的发展，最终实现人的全面发展”②。从历时态角度看，中国式现代化建设的历史经验及当代实践要求进一步反映着新时代培育社会主义核心价值观的重要意义，而且对于中国式现代化长期实践、社会主义现代化强国建设长远目标而言，发挥着重要功能。正如恩格斯所言，“物质存在方式虽然是始因，但是这并不排斥思想领域也反过来对物质存在方式起作用”③。新时代培育与践行社会主义核心价值观为推进中国式现代化、实现社会主义现代化强国建设目标，提供坚实的思想保障、强大的人才力量、温润的道德滋养及广泛的价值共识。

三、社会主义核心价值观是建设中华民族现代文明的内生活力

社会主义核心价值观来源于中华民族五千年来灿烂文明，早已成为中华儿女内

①中共中央文献研究室. 十八大以来重要文献选编：上［M］. 北京：中央文献出版社，2014：594.

②龚天平. 作为中国式现代化本质要求的丰富人民精神世界［J］. 甘肃社会科学，2023：137：11—18.

③马克思，恩格斯. 马克思恩格斯文集：书信选编［M］. 中共中央马克思恩格斯列宁斯大林著作编译局，译. 北京：人民出版社，2009：586.

心中最深沉的价值精髓。新时代培育和践行社会主义核心价值观不仅是公民个体提升自我理性认知、价值认知及情感共识的基本途径，而且是社会文明程度提升的显著标识，是国家推进社会主义文化强国建设、助力现实中国式现代化的有力抓手。社会主义核心价值观归属于社会主义精神文明建设的价值层面，是我国社会主义文化建设的价值核心呈现，是社会意识形态在价值观层面的具体反映，它既承继中华民族优秀价值追求，又将马克思主义价值指向同当代中国社会主义实践要求相统一，逐渐形成具有当代国人独有的价值品格、价值形态、价值追求，是新时代全体社会成员广泛的价值共识、民族共识、政治共识。文明复兴是中华民族伟大复兴的题中应有之义。先进社会核心价值观引领更是新时代中华文化发挥其凝聚力、向心力、影响力的内生性需求。习近平总书记在文化传承发展座谈会上的讲话中强调："在新的起点上继续推动文化繁荣、建设文化强国、建设中华民族现代文明，是我们在新时代新的文化使命。"① 社会主义核心价值观作为中华民族优秀传统文明的价值沉淀，集中反映出新时代中华儿女对美好生活精神向往的理想目标。新时代加强社会主义核心价值观培育工作，对提升全体社会成员价值认同、文化认同，提升社会主义精神文明建设品质及时代特色，推动中华民族现代文明建设、彰显文化自信等方面具有重要意义。

中华文明是中华民族历经几千年发展历程中所形成的物质文明与精神文明的总和，是中华儿女屹立于当代世界的民族基因、历史记忆、血脉承接，是中华儿女独有的精神文明品格。何为中华民族现代文明？广义而言，中华民族现代文明是指中华民族进入近代以来，围绕实现现代化目标所创造的物质文明和精神文明总和，如关于生产技术、社会制度、思想文化、民主与自由等价值观等方面的探索与实践过程；狭义而言，中华民族现代文明是指中国共产党带领中国人民为建成中国式现代化、实现中华民族伟大复兴第二个百年奋斗目标的历史进程中所创造的物质财富与精神财富的总和，如实现全面建成小康社会、世界范围的快速发展经济体，以及形成中国特色社会主义的

①习近平. 在文化传承发展座谈会上的讲话［M］. 北京：人民出版社，2023：10.

道路模式、制度形态、理论体系、文化形态等。随着我国社会主义现代化进程的全面铺开，中华民族本民族所独有的“品质”特征对于发展具有中国特色的社会主义现代化变得愈益重要。习近平总书记在文化传承发展座谈会上的讲话中强调，中华优秀传统文化中有很多重要的有益因素，共同塑造出中华民族独有的文明突出性，“中华文明的连续性，从根本上决定了中华民族必然走自己的路。如果不从源远流长的历史连续性来认识中国，就不可能理解古代中国，也不可能理解现代中国，更不可能理解未来中国”①。中华民族现代文明首先要强调中华民族的主体地位，传承中华优秀传统文化，坚定走符合中华民族根本利益与现实要求的本民族发展道路，具有其内在的、本质的、必然逻辑性；其次要强调实现现代化，这是贯通中华民族发展文明由传统、现在到未来的本质要求。它既是历史思维、现实思维与目标思维的有机统一，又是传统与现代、民族与世界的有机统一。

中华民族千百年创造的文明成果举世瞩目，不仅涵盖农业、建筑、医学、水利工程、军事工程等文明成果，而且形成独属于中华儿女的精神气质、价值品格，如爱好和平、自强不息、慈善仁爱的价值品格，厚德勤俭、互帮互助的生活习惯，脚踏实地、实事求是、勤勉奉公的工作劳动品质，以诚待人、知行合一、“己所不欲，勿施于人”的道德行为操守，以及天下为公、忧国忧民、国富民安的国家治理理想目标等，逐渐形成独属于中华儿女所共有的价值品格、道德品性及理想目标。“中国优秀传统文化的丰富哲学思想、人文精神、教化思想、道德理念等，可以为人们认识和改造世界提供有益启迪，可以为治国理政提供有益启示，也可以为道德建设提供有益启发。”②“中国人民的理想和奋斗，中国人民的价值观和精神世界，是始终深深植根于中华优秀传统文化沃土之中的，同时又是随着历史和时代前进而不断与日俱新、与时俱进的”③，新时代发展中国特色社会主义文化事业，建设中华民族现代文明及其文明形态，要“坚守中华文化立场，提炼展示中华文明的精神标识和文

①习近平. 在文化传承发展座谈会上的讲话［M］. 北京：人民出版社，2023：2—3.

②习近平. 习近平外交演讲集：第一卷［M］. 北京：中央文献出版社，2022：189.

③习近平. 习近平著作选读：第一卷［M］. 北京：人民出版社，2023：282.

化精髓”①。此外，若要充分发挥中华优秀传统文化在培育民族精神气质、价值品格的功能，需要进一步结合新时代生产发展现实要求及科学理论认知推陈出新，“实现传统文化的创造性转化、创新性发展”②。

文化，从本质上看，它是一定社会的政治和经济在思想观念上的反映，它标志着一个社会发展现阶段的发展程度，以及一个民族的主体意识所发展的深度。一个国家的现代化发展，仅有强大的物质基础、技术支撑还不足以使一个国家实现真正的崛起和复兴，它还需要有坚定的文化支撑，即表现为一个民族在文化方面的自觉、自信和自强。“从文化自觉到文化自信再到文化自强，是文化发展的内在逻辑，也是文明跃迁的深层进路。”③ 文化自觉是对文化地位和功用的理性自觉，可阐释为人们对具体文化样态、文化机理、文化产物的理性认同与自觉遵循。社会主义核心价值观熔铸于中华儿女千百年灿烂历史文化发展历程，不仅是中华优秀传统文化的价值精髓，而且在长此以往的历史交往发展过程中，早已成为全体社会成员普遍的理性认知与民族历史记忆，其内蕴的自强不息、爱国爱民、敬业友善、仁爱诚信等精神品质早已成为全体国人的共同价值遵循与日常伦理规范纲要。文化自信是对本民族文化所具有的文化特性及内在价值理想等方面的自信，反映出文化发展所需的时代价值及内在先进性的逻辑表达，是人们对文化的内心笃定与理性信念的外在表征。社会主义核心价值观既具有中华民族传统的优秀价值品质，又是在马克思主义理论指导下，立足中国特色社会主义伟大实践，在理论推演与实践鉴证共同作用下不断被证明是科学的、正确的社会核心价值观。社会主义核心价值观既赋予人们认识世界、改造世界的科学的世界观和方法论，给予人们实践交往合理的、合规的、合法的行为纲要，而且是真理性与价值性的统一，它使人们在科学地认识世界与改造世

①习近平. 高举中国特色社会主义伟大旗帜 为全面建设社会主义现代化国家而团结奋斗：在中国共产党第二十次全国代表大会上的报告［M］. 北京：人民出版社，2022：45.

②习近平. 习近平谈治国理政：第二卷［M］. 北京：外文出版社，2017：313.

③庞立生，邱园园. 中华民族现代文明的本质意蕴与建设进路［J］. 思想理论教育，2024（1）：33－40.

界的过程中，赋予人之为人的价值规范与理想目标指向，使人在客观实践活动中不断认识自己，从而达成人同人、世界及人本身的理性自觉与价值指向。文化自强是文化自觉的理性认知同文化自信的理性认同、理想信念在人们实践生活中的具体指导、运用与坚持。文化自强彰显出人们对文化理论在生活实践中的“落地生根”。新时代培育和践行社会主义核心价值观的根本目的在于育人，它既是一般意义上的科学理论武装人，也是理性认知同价值导向的有机统一，使人们在实践生活中始终沿着社会核心价值规范、价值取向及价值理想的实践要求不断提升自我认知、积累自我能力、锻造自我意志、达成自我价值的美好愿望，这是理论与实践、事实与价值、理想与现实的有机统一。

第三章　新时代社会主义核心价值观培育链接道德治理的逻辑关联

社会主义核心价值观以价值理想、价值取向、价值规范三个维度共同标识着当代国人在社会交往过程中的价值尺度，它不仅集中反映当代社会发展与社会秩序的内在价值取向与价值评价，而且内蕴于人们生活交往规范、行为操守、风俗习惯、社会氛围及理想追求中，成为“百姓日用而不知”的价值评价尺度及价值理想追求。从社会主义核心价值观发挥的重要意义上，新时代培育和践行社会主义核心价值观对于维护社会稳定，促进社会经济、政治、文化发展，以及在促进人的全面发展等方面具有重要的作用。与此同时，从社会主义核心价值观发展进程及社会主义核心价值观培育与实践的实践活动发生、发展过程来看，社会主义核心价值观培育与践行总是同社会道德规范相联系。“核心价值观，其实就是一种德，既是个人的德，也是一种大德，就是国家的德、社会的德。国无德不兴，人无德不立。”① 社会主义核心价值观培育既是实现道德治理的基本路径，也是道德治理的内在要求。新时代，阐释好社会道德治理本质要求及实践路径，需要进一步厘清社会主义核心价值观培育同道德治理的逻辑关系。

第一节　道德治理的理论阐释

从中西方伦理学家对道德概念的一般性概括而言，道德是一种具有普遍性、非

①习近平：习近平谈治国理政：第一卷［M］. 北京：外文出版社有限责任公司，2018：168.

制度化的用以调节人与人、人与社会、人与自然、人与自我等主客体关系的规范原则。从人类实践的历史长河来看，道德不是人生来就有的“天然产物”，而是在接受道德教化和社会实践锻炼后，不断习得、养成的一种内在道德品质、精神追求、行为习惯，使人的交往活动与生活实践都能在一定价值规范的指引下实现自我价值与社会价值的统一。从现实来看，道德不仅是人成为人的首要思想逻辑基础，而且是人理想信念建设之基。从马克思主义唯物史观来看，道德其实质上是一种实践精神，它作为一种内在精神力量指引、规范着人们不断认识自我、超越自我和实现自我，通过人的实践活动不断将价值理想化为现实，不断塑造出一个更加完美的、更具魅力的道德人格。

一、道德治理的科学内蕴

胡锦涛同志在党的十八大报告中指出：“社会主义道德建设的基本任务是全面提高公民道德素质，并特别强调要深入开展道德领域突出问题专项教育和治理，加强政务诚信、商务诚信、社会诚信和司法公信建设。”① 党的十八届三中全会明确“全面深化改革的总目标是完善和发展中国特色社会主义制度，推进国家治理体系和治理能力现代化”②。此后，党和国家围绕社会主义道德建设及其道德领域的治理活动广泛开展，深刻意识到“人民有信仰、国家有力量、民族有希望。要提高人民思想觉悟、道德水准、文明素养，提高全社会文明程度”③，以此加强社会思想道德领域建设。党的十九届四中全会，围绕“坚持和完善繁荣发展社会主义先进文化的制度，巩固全体人民团结奋斗的共同思想基础”④，强调要“坚持依法治国和以德治国相结

①胡锦涛. 坚定不移沿着中国特色社会主义道路前进 为全面建成小康社会而奋斗：在中国共产党第十八次全国代表大会上的报告（2012 年 11 月 8 日）[M]. 北京：人民出版社，2012：32.

②中共中央关于全面深化改革若干重大问题的决定 [M]. 北京：人民出版社，2013：3.

③习近平. 决胜全面建成小康社会 夺取新时代中国特色社会主义伟大胜利：在中国共产党第十九次全国代表大会上的报告 [M]. 北京：人民出版社，2017：42.

④中共中央关于坚持和完善中国特色社会主义制度 推进国家治理体系和治理能力现代化若干重大问题的决定 [M]. 北京：人民出版社，2019：22.

合，完善弘扬社会主义核心价值观的法律政策体系，把社会主义核心价值观要求融入法治建设和社会治理，提现到国民教育、精神文明创建、文化产品创作生产全过程”①。党的二十大再次要求，“坚持依法治国和以德治国相结合，把社会主义核心价值观融入法治建设、融入社会发展、融入日常生活”②。突出“道德领域”与“治理”的相关概念，其目的是充分发挥道德的“扬善”与“抑恶”功能，并将其尽可能地扩大化，使道德的软文化作用得以充分发挥，并在国家治理进程中与社会主义法律体系相呼应、与社会主义法律规范相协调，最终期待实现道德治理体系和治理能力的现代化，实现中国特色的社会主义现代化道德体系建设。

治理理论的创始人罗森瑙（J. N. Rosenau），将治理定义为一系列活动领域里的管理机制。其虽未获得正式授权，却能有效发挥作用，主要指一种共同的目标支持的活动。这些管理活动的主体未必是政府，也无须依靠国家的强制力量来实现。“治理”体现的是一种虚化的权力机制，虽然没有成为制度，没有强制力依托实施，但它无时无刻不发挥着自身作用。

我国“道德治理”这一概念虽是自党的十八大以来形成的，但究其本质，参照它在国家治理中的作用、运行机制，这一表述可以追溯到我国的春秋战国时期。《尚书·盘庚》中就有“汝克黜乃心，施实德于民”，启发统治者重视德治的力量，实施仁政。此后出现的“文景之治”“贞观之治”和“康乾盛世”等，也都有大量的史料记载，这些盛世的出现正是当时的君主实行仁政、重视“德治”的结果。通过对中华优秀传统文化的传承与学习，为当下我国的“道德治理”提供丰富的历史积淀。

近年来，一些学者大多将党的十八大报告中所强调的“深入开展道德领域突出问题专项教育和治理”，进一步概括为“道德治理”。并认为其应包含为两层含义，一是“对”道德的治理，即针对当下我国道德领域所反映的问题，对其进行净化、

①中共中央关于坚持和完善中国特色社会主义制度 推进国家治理体系和治理能力现代化若干重大问题的决定［M］. 北京：人民出版社，2019：23.

②习近平. 高举中国特色社会主义伟大旗帜 为全面建设社会主义现代化国家而团结奋斗：在中国共产党第二十次全国代表大会上的报告［M］. 北京：人民出版社，2022：44.

处理，形成良好的社会公德环境；二是“以”道德的治理，即将国家的治理手段、治理能力在依靠“依法治国”、强化“法治”的同时，融合“德治”的方式，最大限度地增进公众利益。具体而言，当前学术界对“道德治理”概念的阐释可大体分为以下三种主要观点。

一是德治论。将道德作为社会治理的工具，即“以道德的治理”。道德治理是公共权力自觉地发挥道德的导向作用和规范作用来调节社会群体冲突，维护社会秩序和实现公共权力根本利益的政治活动。“道德治理不是‘治理道德’，而是运用道德的‘应当’、‘不应当’这一特殊命令方式发挥其‘扬善’和‘抑恶’的社会作用。”① 道德治理就是通过充分利用道德的理性认知与集体记忆，充分发挥其规范个体行为的社会管理功能而实现较好的社会治理，即通过道德认知、道德调节、道德教育、道德辩护等方式进行系统的社会治理。道德治理的工具论，即实现道德治理同“以德治国”内在意蕴的相互契合，主张用道德教育、道德规范、道德评价、道德调节、道德谴责等方式来实现全体社会成员交往规范与思想观念的合理化、规范化，以此维护公序良俗、维护传统伦理习俗与集体行为习惯倾向性特征。

二是善治论。要求将道德规范嵌入国家治理全领域、全过程，使国家治理的目标要求、过程环节、治理结果的价值呈现更加符合新时代社会主义道德规范的价值要义、价值取向。道德治理需要将伦理道德的价值要求、价值取向及价值理想广泛渗透在国家治理中，将道德规范体现在行政管理、公共政策的制定与实施当中。从社会制度规范的本体角度看，制度规范内蕴两个方面的基本要求：首先是制度的技术性要求，即制度规范能够在人们社会交往实践过程中发挥调节社会关系、有效分配社会利益的功能；其次是制度的价值要求，即制度规范能够按照社会主流价值规范、最广泛人民根本利益的价值维度公平、公正地分配社会资源、塑造社会交往秩序。道德治理的善治论，要求以“善”的制度规范来协调社会交往关系及其公正秩序，“形式的‘善’考量制度的技术方面，看其是否自洽、严密、有效。内容的

①王艳. 道德治理：道德发展进步的历史逻辑 [J]. 道德与文明，2016 (1)：27－31.

'善'考量制度的实质的方面，考量制度所内在具有的社会成员相互间的"权利—义务"关系，看其是否有时代精神，是否以平等的基本自由权利为自身的内在规定性"①。一个稳定的、有效的国家治理规范体系，不仅是一个可以提供明确行为规范、活动秩序的制度规范体系，而且是通过各种制度规范有机组成的制度体系而向全体社会成员呈现和传达一种向善、向上的价值力量、伦理精神。

三是治德伦。通过对道德领域或者社会发展过程中出现的突出道德问题进行治理、整治，对当前社会发展过程中的失信、失德、违法、违纪等行为进行专项整治，以明确的治理目标、整改措施，以及达成何种治理成效等做出较为系统的研判和实践操作。近年来，党和国家出台一系列道德治理的文件，如《新时代公民道德建设实施纲要》《新时代爱国主义教育实施纲要》《关于加强新时代廉洁文化建设的意见》《中共中央关于深化文化体制改革 推动社会主义文化大发展大繁荣若干重大问题的决定》《道德领域突出问题专项教育和治理活动宣讲提纲》等，明确指出新时代道德治理的总体要求、重点任务、实施路径及制度保障等方面的工作部署。以政府为引导，广泛调动社会组织及人民群众的积极性，充分运用多种方式，惩戒并矫正失德、失范等不当行为，将道德的软约束同制度规范的硬约束结合起来，以正向价值引导与合理制度规范匡正人们实践交往的社会秩序与精神品质，弘扬社会正气，提升社会文明程度。

此外，明确"道德治理"的科学内涵，还需要总结理解它与"以德治国"的关系。"道德治理"与"以德治国"都体现着新时期国家治理手段的提升，也是对中华传统的继承与发扬。但"道德治理"与"以德治国"还应相区别，首先，"道德治理"体现着治理主体的多样化，它不仅包含国家、社群组织、各级党政机关，还包含公民个人，并且这些主体的地位是同一水平的，没有上下级之分；其次，"道德治理"体现着治理对象的多元化，涉及我国的政治、经济、文化、社会、生态，以及党建工作等；最后，"道德治理"还体现着治理方式的民主化，治理主体的多元化，

①高兆明. 制度伦理研究：一种宪政正义的理解［M］. 北京：商务印书馆，2011：53.

也就相应地导致国家治理方式的民主化。这三个方面，将是“道德治理”对“以德治国”的现代化转变，使“道德”作用的实现更加凸显社会化与民主化。

二、新时代道德治理的基本特点

当代中国道德治理已不同于以往的社会道德管理，随着新时代中国社会生产的发展及人们社会交往形式的日益多样化、交往观念的日益多元化，新时代道德治理呈现出新的基本特征。

（一）强调治理主体的多元性

从治理主体角度看，多元治理主体的优势互补、同向发力、合作共治是道德治理的必然趋势。当代社会由于阶层分化、利益格局变动，不同群体对利益的诉求更加多元化、多样化，不仅凸显治理主体参与多样性的社会发展的内在要求，而且在一定程度上改变着社会治理的发展模式，继而呈现出新时代道德治理多元治理主体参与的基本特征。党的十九大报告指出：“加强社会治理制度建设，完善党委领导、政府负责、社会协同、公众参与、法治保障的社会治理体制。”① 就道德治理而言，道德治理就是要充分发挥多元主体各自功能属性，以明确的价值目标导向，实现各尽其职、合作共治。党的十九届四中全会中，在强调积极构建基层社会治理新格局时再次要求，“健全党组织领导的自治、法治、德治相结合的城乡基层治理体系，健全社区管理和服务机制，推行网格化管理和服务，发挥群团组织、社会组织作用，发挥行业协会商会自律功能，实现政府治理和社会调节、居民自治良性互动，夯实基层社会治理基础”②。具体而言，新时代道德治理的主体应当是在中国共产党的领导下，实现政府、社会组织、基层社区及公众相互之间的良善自洽关系的最佳状态，以此构建形成新时代社会道德治理各尽其职、各尽其才的治理新格局、新秩序，从

①习近平. 决胜全面建成小康社会 夺取新时代中国特色社会主义伟大胜利：在中国共产党第十九次全国代表大会上的报告［M］. 北京：人民出版社，2017：49.

②中共中央关于坚持和完善中国特色社会主义制度 推进国家治理体系和治理能力现代化若干重大问题的决定［M］. 北京：人民出版社，2019：29－30.

而实现国家道德治理的理想状态同公众在社会领域主体权益实现的有机统一，既能有效保障国家和社会发展的长久稳定、和谐有序，又能为个体成长、成才提供明确的价值导向及良善社会氛围，用道德的精神导向及规范要求保障全体社会成员对美好生活向往的理想追求与现实权益，实现“国家—社会—民众”三者共同参与的道德治理实践活动。

首先，党和政府是道德治理参与主体的领导者、组织者。党和政府作为道德治理的主体，承担着组织、领导与协调各方治理主体的责任。道德治理不同于道德管理，它不仅需要“自上而下”式的管理体制，更为重要的是要协调社会各方力量实现“自下而上”式的协商治理，党和政府作为首要责任主体，需要在维持一定道德治理目标方向、秩序结构与制度规范管理的同时，要在一定程度上为社会各阶层参与协商共治留有发展空间、参与时机、合法体制机制及权利义务保障。

其次，社会各类组织、团体、单位是道德治理参与主体的重要承担者、实施者。社会各类组织团体不仅是道德治理的重要参与者，也是公民个体直接参与道德治理实践活动的现实场所，各类企事业单位、学校组织、社会团体组织、社区等治理主体，广泛涵盖公民参与社会交往及实践活动的重要场地，是社会公德、职业道德、家庭美德、个人品德养成的重要实践场所。因此，社会各类组织团体、单位等要充分考虑不同利益群体的现实需求，建立相关信息汇集、统计整理、问题反馈的专门组织机构，实现社会主体间的利益协调和优势互补，“以点带线”“以线带面”，共同编织全社会共同遵循的道德规范、道德秩序、道德品格。

最后，社会民众是道德治理参与主体的基本力量。公民是道德治理的最终实施者、享有者，“历史活动是群众的活动，随着历史活动的深入，必将是群众队伍的扩大”①。道德治理作为一项社会历史活动，人民群众是道德治理历史活动的最直接参与者与最大受益者，党、政府及社会团体组织所有参与道德治理实践活动的最直接目标是满足全体社会成员成长发展需求、提升社会文明程度，维护共有精神追求与

①马克思，恩格斯．马克思恩格斯文集：资本论（第一卷）［M］．中共中央马克思恩格斯列宁斯大林著作编译局，译．北京：人民出版社，2009：287.

良好的道德品格。“治理道德领域的突出问题，人人有责。为此，每个公民都要坚持提升道德认知与推动道德实践相结合，不仅要有正确的道德认知，而且要提高道德实践能力，尤其是自觉实践能力。”① 要充分发挥民众的主体性与能动性，鼓励社会力量承担他律监督、正向舆论引导等权利与义务，保障人民群众在道德治理制度制定、实践资源分配、文化服务供给等方面拥有相对独立的话语权，最大限度地维护全体社会成员基本发展权益、文化权益。

（二）凸显治理理念的现代性

新时代道德治理不仅是对社会管理体制机制的革新，而且是以新的治理理念融入新时代社会主义现代化建设，以道德规范的力量形塑人们生活实践交往的理想追求与规范秩序。新时代道德治理的治理理念不仅传承中华优秀传统文化中关于道德教育的思想观念，而且基于中国共产党领导的中国特色社会主义建设实践经验，以及对接社会主义现代化强国建设目标，给予新时代社会治理及道德建设方面新的理念指导。新时代道德治理理念的现代性特征要求主要体现在道德治理过程中对人的价值凸显与呈现，以及给予人的主体交往实践活动下的社会公平正义秩序安排。

一是人民至上的理念。“人民是历史的创造者，群众是真正的英雄。”② 人民“是决定党和国家前途命运的根本力量”③。坚持人民至上不仅是马克思主义唯物史观指导中国特色社会主义实践的重要论断，而且是中国共产党领导人民百年奋斗征程中的基本经验。在《中共中央关于党的百年奋斗重大成就和历史经验的决议》中强调，“党的根基在人民、血脉在人民、力量在人民，人民是党执政兴国的最大底气。民心是最大的政治，正义是最强的力量”④。“我们要站稳人民立场、把握人民愿望、尊重人民创造、集中人民智慧，形成为人民所喜爱、所认同、所拥有的理论，

①周中之. 新时代道德治理的新探索［J］. 思想理论教育，2020（3）：10－15.

②习近平谈治国理政：第一卷［M］. 北京：外文出版社，2018：5.

③习近平. 决胜全面建成小康社会 夺取新时代中国特色社会主义伟大胜利：在中国共产党第十九次全国代表大会上的报告［M］. 北京：人民出版社，2017：21.

④中共中央关于党的百年奋斗重大成就和历史经验的决议［M］. 北京：人民出版社，2021：66.

使之成为指导人民认识世界和改造世界的强大思想武器。"① 新时代道德治理必须坚持人民主体地位，广泛发扬人民首创精神，调动人民群众参与道德治理及享有道德治理成效的积极性。要将人民对美好生活的向往目标追求对接新时代道德治理实践活动，提升新时代社会主义精神文明建设广度、深度和效度，在肯定人民群众道德人格的基础上，弘扬社会正气，激发人内心道德良知与责任心，积极倡导互助友善、乐善好施的道德品质，同时要广泛赋予人民群众监督权、举报权，在人民群众同不良分子作斗争时保障其人身财产安全，让"好人有好报"真正有法律和制度保障。

二是公正与平等的理念。公正与平等是处理人与人社会交往关系的基本准则，也是合理分化社会资源的基本价值取向，公正与平等作为社会主义核心价值观社会层面的价值规范，不仅标刻新时代社会发展与社会治理的价值取向，而且是建设社会主义现代化强国的基本价值要求。新时代道德治理要在尊重中华优秀传统文化，如平等、公正、和谐等价值规范的基础上，积极融合人类现代进步思想，将公正与平等的价值理念充分融入新时代道德治理的实践活动。新时代道德治理的出发点和落脚点是人民的根本利益需求及其满足，人民性构成新时代道德治理水平及道德治理能力现代化的最基本特征，这一基本特征一般通过治理主体间的民主平等关系及其在社会资源分配过程中的公平价值取向而体现出来的。平等与公正共同构成新时代道德治理的首要价值逻辑前提，没有治理主体间平等的权利与义务关系，就没有权利平等、机会均等、民主协商的道德治理现代化发展；没有公正的权利与资源分配秩序与现实途径，就没有真正意义上的人人平等、权利均等，道德治理将无从谈起。"社会主义协商民主，应该是实实在在的、而不是做样子的，应该是全方位的、而不是局限在某个方面的，应该是全国上上下下都要做的、而不是局限在某一级的。因此，必须构建程序合理、环节完整的社会主义协商民主体系，确保协商民主有制

①习近平. 高举中国特色社会主义伟大旗帜 为全面建设社会主义现代化国家而团结奋斗：在中国共产党第二十次全国代表大会上的报告［M］. 北京：人民出版社，2022：19.

可依、有规可守、有章可循、有序可遵。”①

三是系统治理的理念。“治理与管理一字之差，体现的是系统治理、依法治理、综合治理、源头治理。”② 新时代道德治理坚持系统治理理念既体现在治理过程中世界观与方法论的呈现上，也体现在具体治理实践的方方面面。党的二十大报告强调，深入贯彻习近平新时代中国特色社会主义思想要充分把握好贯穿其中的马克思主义立场、观点，把握适应新时代社会主义现代化建设所需的世界观与方法论，“坚持系统观念”作为六个基本方法论之一明确提出，强调“我们要善于通过历史看现实、透过现象看本质，把握好全局和局部、当前和长远、宏观和微观、主要矛盾和次要矛盾、特殊和一般的关系，不断提高战略思维、历史思维、辩证思维、系统思维、创新思维、法治思维、底线思维能力，为前瞻性思考、全局性谋划、整体性推进党和国家各项事业提供科学思想方法”③。道德治理理念从“统治”走向“治理”本身就蕴含治理主体的不同，“统治的主体是单一的，就是政府或其他国家公共权力；治理的主体则是多元的，除了政府，还包括企业组织、社会组织和居民自治组织等”④。道德治理的推进与实现不仅需要坚持系统治理理念，而且衡量道德治理能力与治理水平的提升也应是以系统性理念、系统性思维为基本原则。

（三）彰显治理方法的多样性

治理与管理实现方式上有较大的不同，现代道德治理避免了传统管理方式的单一性、机械性弊端，采用更为人性化、协商式的治理方法，使道德治理的规范性、引导性在人们道德实践活动的参与过程中发挥潜移默化的作用。道德治理是正式制度与非正式制度的有机结合，它不仅包含国家权力机关通过立法、政府机构通过政

①习近平. 在庆祝中国人民政治协商会议成立65周年大会上的讲话：2014年9月21日［M］. 北京：人民出版社，2014：19.

②中共中央关于全面推进依法治国若干重大问题的决定（辅导读本）［M］. 北京：人民出版社，2014：226.

③习近平. 高举中国特色社会主义伟大旗帜 为全面建设社会主义现代化国家而团结奋斗：在中国共产党第二十次全国代表大会上的报告［M］. 北京：人民出版社，2022：21.

④俞可平. 论国家治理现代化［M］. 北京：社会科学文献出版社，2015：2.

策引导等正式制度的生成与实施，而且包含群众自治生成的市民公约、乡规民俗、组织规章等非正式制度规范的落实，从而形成较为稳定且长久有效的道德治理空间，是德治与法治、理论教育与制度规范相结合的实践过程。

一是坚持德治与法治相结合。道德与法律作为规范人们行为的两种方法，在社会生活中各自发挥着重要的、不可替代的作用。法律依赖国家强制力实施，是“硬约束”，道德则依赖人们内在的良知、良心来维护，是“软约束”，法律是成文的道德，道德则是内心的法律，维护良善的社会秩序及实现人美好生活的现实追求，“需要法律和道德协同发力”①。“法律是准绳，任何时候都必须遵循；道德是基石，任何时候都不可忽视”②，“治理国家、治理社会必须一手抓法治、一手抓德治，实现法律和道德相辅相成、法治和德治相得益彰”③。要树立鲜明的道德导向、价值导向，使国家的法律武器真正成为维护社会正义、保障人民根本利益的利器，要积极推进社会主义核心价值观入法、入规，“完善弘扬社会主义核心价值观的法律政策体系，把社会主义核心价值观要求融入法治建设和社会治理，体现到国民教育、精神文明创建、文化产品创作生产全过程”④。要“用法治手段解决道德领域的突出问题”⑤，“让败德违法者受到惩治、付出代价”⑥，充分发挥法律惩恶扬善的功能，弘扬社会正气，实现良法善治。

二是正式制度与非正式制度相统一。在道德治理中，不仅要发挥道德的教化功能，善于启发和挖掘人们内心中的道德法则与自律约束，帮助人们树立正确的世界观、人生观和价值观，而且要达到良好的治理效果，尽量减少人的成长与发展过程中的消极力量与不利因素，还需要发挥制度规范的力量，以维护人们内心道德法则

---

①习近平．习近平谈治国理政：第二卷［M］．北京：外文出版社，2017：133.

②习近平．习近平谈治国理政：第二卷［M］．外文出版社，2017：133.

③中共中央宣传部．习近平总书记系列重要讲话读本［M］．北京：学习出版社，2016：90.

④中共中央关于坚持和完善中国特色社会主义制度 推进国家治理体系和治理能力现代化若干重大问题的决定［M］．北京：人民出版社，2019：23.

⑤习近平．习近平谈治国理政：第二卷［M］．北京：外文出版社，2017：134.

⑥习近平．习近平谈治国理政：第二卷［M］．北京：外文出版社，2017：135.

与外在制度环境的有机统一。因此，“要把实践中广泛认同、较为成熟、操作性强的道德要求及时上升为法律规范，引导全社会崇德向善”①，同时也要积极促进公共政策向道德治理的价值目标相贴近，加强公共政策的道德风险和道德效果的评估，尽力避免出现因为公共政策的调整反而出现的一系列违背道德习俗的事件，如“扶不扶”“假离婚”等社会热点争议性事件。此外，在社会规范方面也要同道德治理的现实要求相统一，如各类行业规范、职业行为操守、市民公约、乡规民约、社区规范、学生守则、家风、家教、舆论风俗等不同领域、不同层级、不同岗位、不同交往环境等范式的非正式制度规范的生成与实施，以此打造人们现实交往环境的有效制度保障与良善秩序氛围。

三是理论教育与实践活动相结合。实践性是道德治理的本质特征，道德治理不仅是对当前道德领域现实实践存有问题的整治、治理，而且是随人们实践活动的发生而不断进行着的道德治理活动，道德治理的出发点和落脚点都是以“现实的个人”的实践交往活动为中心而展开，它所要解决的道德领域问题，以及依托道德教育、制度保障避免出现的道德领域风险、挑战都是在人们的现实生活中发生、发展的。实践性是全面系统地掌握道德治理本质内涵与时代特征的关键。“道德不仅通过价值方式把握世界，还以评价调控对象、调节社会关系、预测社会发展、形成行为规则等方式来反映、改造和完善社会。而道德治理的实践，就是为了实现社会和人类完善发展的道德目标而进行的。”② 道德治理的模式推演与目标生成终究是以实践活动的方式来呈现，并在人们实践交往活动的发生与发展过程中不断优化、提升。新时代道德治理要注重运用思想理论教育的方式，以明确的“何者为善、何者为恶、何者可为、何者不可违”的道德规范，夯实人们良善道德认知、道德情感及道德品质，为人们树立正确的价值方向，为青少年扣好人生“第一颗扣子”。同时道德治理要注重生活实践的教育方法，充分利用群众身边榜样人物的影响力，为人们传递鲜活的道德示范榜样，要充分利用各类教育基地建设资源、新时代文明实践中心等现实生

①习近平．习近平谈治国理政：第二卷［M］．北京：外文出版社，2017：134．

②王乐．论道德治理的目标［J］．伦理学研究，2022（1）：16－20．

活场馆、场景资源，为人们提供具体的、真实的、可感知的道德教育力量。

四是道德治理在现实生活与网络生态中的有机统一。新时代既是人们追求美好生活实现的时代，也是互联网信息技术、大数据、人工智能等科学技术繁荣发展的时代。新时代道德治理要取得显著的成效，必须要充分利用互联网技术的先进优势，并加强互联网领域道德监管和网络治理。运用互联网信息技术、大数据技术支撑，为道德治理衡量一个人或者一件事给予充分的事实分析与数据支撑，以给出较为客观、全面、科学的道德评价。2019 年，中共中央、国务院印发了《新时代公民道德建设实施纲要》，其中提出“抓好网络空间道德建设”。《新时代人民道德建设实施纲要》明确了新时代网络空间道德建设在公民道德建设中的重要意义，特别是对青少年价值观的养成具有重要意义。要充分利用互联网传播技术优势，优化新时代道德治理载体、手段，日益壮大网络公益队伍，弘扬正能量，同时对于网络中出现的低俗、恶俗、媚俗、暴力、色情、谩骂、欺诈等不当行为要加大惩治力度，如利用信息定位技术、互联网实名登录技术、完善互联网文明公约等形式，依法惩治网络违法犯罪，倡导公民做到“线上”与“线下”一致、知行一致，理性表达、文明互动，促进网络空间日益清朗。

（四）呈现治理结果的潜匿性

道德治理是思想文化领域中的具体实施活动，它在一定程度上反映出当前社会的人文状态、社会风气，以及人民群众的精神面貌、思想状态。从根本上讲，道德治理是做人思想工作的活动。由于人们实践经历、教育程度、认知水平、家庭环境、理想信念等方面的不同，将在一定程度上对道德治理的活动过程产生一定影响。为此，要明确党和国家领导新时代道德治理实践活动过程的长期性、艰巨性。道德治理同其他科学技术层面的治理或优化不同，它一方面是对道德领域反映的问题进行的整治，另一方面是利用道德“软约束”的规范形式参与国家治理、社会治理的过程，二者无论从道德治理的内容与形式，还是从道德治理发生发展的目标与结果等方面来看，都不是一朝一夕就可完成的任务，而且作为思想文化领域的治理、优化，又将呈现出治理结果的繁杂性、潜匿性特征。道德治理结果的潜匿性，即道德治理实践活动的结果不能仅从数据统计或理论推演中进行证明、阐释，而是要从现实生活中的社会文明程度、社会风气、社会精神文明建设成效、城市人文特征及人民群众“精气神”等方面入手，进行道德实践活动。因此，在进行道德实践活动时既不能仅看一时或一事的处理，也不能仅看一个领域或一个方面的呈现，而是要看整个社会发展的长期向好发展、人民群众精神状态持久平和、社会文明程度普遍提升、社会风气持续向好等宏观评价指标。此外，我们要明确道德治理实施过程的艰巨性与长期性，也要清楚道德治理结果的潜匿性，切不可虎头蛇尾、简单粗暴、敷衍了事，轻浮急躁。

第二节　社会主义核心价值观培育同道德治理的逻辑理路

“价值”是什么？马克思虽然未曾对“价值一般”下过定义，但是他对于“使用价值”“财物”和商品交换价值的解释，却从一个方面提示了价值的实质。马克思认为，“人们只是给予这些物以专门的（种类的）名称，因为他们已经知道，这些物能用来满足自己的需要……用来表明，他们在实际地利用这些产品，这些产品对他们有用……”①，“使用价值表示物和人之间的自然关系，实际上是表示物为人而存在”②。从马克思关于物的价值这种特殊的、具体的价值形态的论述中，我们可以得到关于“价值”概念的基本特质：一是从对象（物）的存在和属性与主体（人）需要的关系中理解“价值”；二是价值产生于主体（人）对对象（物）的实际作用，即“物的人化”，而不是对象（物）的存在和属性本身；三是主体（人）的内在尺度是价值的根本尺度，对象同主体（人）的一致程度是价值的基本标志。“‘价值’是对

①马克思，恩格斯．马克思恩格斯全集：第十九卷［M］．中共中央马克思恩格斯列宁斯大林著作编译局，译．北京：人民出版社，1963：405－406．

②马克思，恩格斯．马克思恩格斯全集：第二十六卷（第三册）［M］．中共中央马克思恩格斯列宁斯大林著作编译局［M］．北京：人民出版社，1974：326．

主客体相互关系的一种主体性描述，它代表着客体主体化过程的性质和程度，即客体的存在、属性和合乎规律的变化与主体尺度相一致、相符合或相接近的性质和程度。”①

新时代社会主义核心价值观培育与道德治理之间的联系是相对的，二者所产生的影响也是相对的。社会主义核心价值观培育需要在良好的道德环境下进行，需要注意的是，道德治理的实现最根本的还是对每一公民自身思想水平的提升，这就离不开公民自觉培育与践行社会主义核心价值观。新时代提升社会主义核心价值观培育效力与广度，提升道德治理能力与水平，要在基于新时代中国特色社会主义发展实践的现实生活中，深刻阐释社会主义核心价值观培育与道德治理之间的价值关系，使社会主义核心价值观培育成为推动道德治理的主体内在动力。

一、社会主义核心价值观培育对道德治理的价值呈现

任何一个社会都存在多种多样的价值观念和价值取向，但是要凝聚全社会力量，达成广泛且全体社会成员普遍认同的价值共识，是一个社会长久稳定、持续发展的精神动力。道德治理同样如此，需要在全体社会成员普遍认同的价值规范、价值取向及价值理想指引下，形塑道德规范的时代内涵与本质要义，在此意义上，道德治理需要以社会主义核心价值观的普遍认同与积极践履为价值前提。“培育和弘扬核心价值观，有效整合社会意识，是社会系统得以正常运转、社会秩序得以有效维护的重要途径，也是国家治理体系和治理能力的重要方面。”② 社会主义核心价值观培育对道德治理发挥着巨大作用，究其二者的逻辑关联，可以从以下 3 个层面论述。

（一）社会主义核心价值观培育是道德治理的内在要求

社会主义核心价值观培育是实现道德治理的关键环节所在，人们在社会主义核心价值观培育的环节如若丢失，或是缺少部分内容，那么道德治理的实现也将打折扣。在实现道德治理的整合环节中，治理的主体与客体都是具有能动性的人。需要

①李德顺．价值论：一种主体性的研究［M］．北京：中国人民大学出版社，2013：53．

②习近平．论党的宣传思想工作［M］．北京：中央文献出版社，2020：52－53．

注意的是，道德治理的过程是治理的主体与客体相互影响、相互作用的过程，主、客体双方具备良好的公民素质，是实现道德治理的内在要求。

推进道德治理需要几代人的不懈努力，最根本的还是要明确人在现实生活中的主体地位。改革开放以来，社会主义市场经济获得长足发展，由市场机制引发人的竞争意识、公正意识、责任意识等相应提高，但同时引起部分人群的道德沦丧问题，使道德规范的引领作用逐渐下滑。因此，必须重视对道德领域矛盾的解决，重塑道德规范在人内心的尊崇信仰。道德治理实现的前提是人们具备较高的主体意识、责任意识，以及由此引发的强烈的监督意识。道德治理终究不是一人的治理，也不是对一人的治理，只有明确人在治理过程中的主体地位，充分调动人们的积极性，才能使每一位社会成员成为道德治理中的一把利剑，进而摧毁长期存在于人们头脑中的顽瘴痼疾。而这一切任务的实现，终究还是要落脚到对人的核心价值观培育上来，落脚到具体人的思想教育上来。

从道德治理实现的角度来讲，社会主义核心价值观培育也是联系道德治理各环节的润滑剂。道德治理目标的实现涉及行业之多、人群之广、范围之大都是难以想象的，必须有规划、分小目标地逐级实现。同时，对人的社会主义核心价值观培育也不是一成不变的，它跟随社会的发展，通过自身结构的整体性、可变性、自我适应性不断与之相协调。第一，社会主义核心价值观培育的结构整体，塑成良好公民个体，以适应实现道德治理所要求全体社会成员具备的基本价值规范、行为规范、整体规划，这也是实现人的社会性转化，促成公民个体适应社会整体，带动社会整体的向前发展的需要。第二，社会主义核心价值观的培育不是固定不变的机械模式，它随社会的发展而发展，顺应道德治理由低级向高级、由简单到复杂的不断转变。第三，在公民个体的发展中，个体自身的思想意识、能力水平等因素的牵涉，也会对社会主义核心价值观培育的具体内容、行为规范等结合自身理解，通过自身的不断适应，实现公民个体与社会整体的相互协调、相互影响，使道德治理规范实现由不稳定到稳定、由不平衡趋向平衡的发展。因此，把握好公民社会主义核心价值观培育环节，将是实现道德治理的内在要求与关键所在。

（二）社会主义核心价值观培育与践行的程度是道德治理的衡量指标

道德治理从根本上讲是一种客观的社会实践活动，因为种种转变都将体现在客观存在的人身上，体现在个体的客观活动之中。道德治理的根本目标是实现人的道德思想的转变，其过程也是受教育者在教育者的悉心培育下逐步实现的。通过对全体社会成员的核心价值观培育，衡量其能不能在现实生活中发挥作用，以及这个作用能够发挥到什么程度，将在一定程度上影响道德治理的实现程度。因此，道德治理的实现指标要依靠民众核心价值观的培育程度来加以衡量，在这一层面上，对民众核心价值观培育程度的衡量应该包含以下两个方面。

一方面，社会主义核心价值观培育内容和过程的科学化。道德治理实现程度越高，该阶段在社会主义核心价值观培育的内容涉及范围就会越广，这样不仅能对公民个体社会生活进行规范和指引，还会对人的全面自由发展提供理论支撑。同时，在该阶段中人们的社会主义核心价值观培育的过程就越高效、科学。

另一方面，社会主义核心价值观培育方法和评价标准的规范化。社会主义核心价值观培育的方法多种多样，包含灌输法、启发法、榜样示范法、环境影响法及生活实践法等，但都应做到以培育公民个体的主体意识，尊重个体的主体地位为出发点，贯彻以人民为中心的发展理念及人民至上的方法论要求。对于公民个体的社会主义核心价值观培育评价标准也要更加注重生活实践的评价，不能只停留在理论成绩或口头表述上。

社会主义核心价值观培育程度为道德治理的实现提供衡量指标，而道德治理的实现水平和公民意识的培育程度，又成为衡量社会发展的共同指标。从社会发展的长足进步来看，二者是相互影响、共同发展的。道德治理的实现与发展，需要公民个体对自身不断否定、超越，公民素养水平越高，越有利于道德治理的实现。随着社会的发展，对道德的治理水平提出更高的要求，反过来又会对公民个体提出现实的否定，并通过自身的发展，形成对未来的创造。

例如，从社会主义核心价值观培育与治国理政的关系来讲，公民具备良好的民主意识不仅能够促进国家法律变得更加完备，还会对道德治理多元主体的实现增加助推剂。更重要的是，通过对民众的社会主义核心价值观培育，公民形成良好的价值规范、价值理想及行为规范必将促进社会的向前发展，而通过社会的持久发展与和谐有秩的稳定环境，又反过来要求公民思想意识水平的提升，正是在这对矛盾运动中，体现着人只有不断否定自我，超越自我，才能拥有成为人之为人的良好品质。

（三）社会主义核心价值观培育是道德治理实现的重要路径

一方面，为实现道德治理的目标，对民众进行社会主义核心价值观培育是其基本路径。社会主义核心价值观培育的根本目的是提高公民的思想道德、政治法律、社会规范等素质水平，促进人的全面发展，实现人与人之间的和谐相处，推动社会各领域的良好建设，同时这里也包含道德治理的实现。实现道德治理，基本的路径就是通过教育者对受教育者的各种形式的宣传教育，使社会的规范要求等能够在公民的头脑中保存下来，从而指导他们的实践。正如列宁在《怎么办?》一文中所讲："工人本来也不可能有社会民主主义的意识。这种意识只能从外面灌输进去，各国的历史都证明：工人阶级单靠自己本身的力量，只能形成工联主义的意识。"① 在一定意义上讲，对公民进行一定的"灌输教育"是必要的。

另一方面，对民众进行社会主义核心价值观培育的过程也是实现道德治理的过程。通过"灌输"的形式，或者启发的方式，对民众进行道德、法律、政治、价值观等相关内容的培育，使公民个体能够按照国家、社会的规范要求去自由发展，实现公民的个体性与社会性的深度融合，进而促进全体社会成员和谐、向上、向善发展。在社会主义核心价值观培育的过程中，不仅会对公民素养有较好的提升，还会反过来促进教育者能力的发展，同时，对民众的社会主义核心价值观培育正是在教育的主客体间的相互交流中，使受教育者发生思想上的转化，随着社会的发展，社会的要求随之也越来越高，对社会主义核心价值观培育的内容、方式、实践、评价等方面也需要有相应的转变，从而带动社会主义核心价值观培育体制机制的不断创新与完善。对民众进行社会主义核心价值观培育在于实现人的德性转变，使人不仅

①列宁. 列宁选集：第一卷［M］. 中共中央马克思恩格斯列宁斯大林著作编译局，译. 北京：人民出版社，2012：317.

在头脑中形成规范意识，还要使人养成一种能力，即面对突发问题时可以做出正确的选择，这也恰恰是实现道德治理的关键。

总之，社会主义核心价值观培育是实现道德治理的内在要求，是道德治理实现的重要路径之一，其现实培育程度也是衡量道德治理实现成效的重要指标，不仅体现了对人的主体性地位及其价值的肯定，也体现了在道德治理过程中的人文关怀。实现道德治理不能忽视人的作用，不能忽视人的主观感受，要在培育的过程中，引发公民内在需求的产生，重在培育公民的良好素养与能力，这也是我国道德治理的重要目标之一。

二、道德治理对社会主义核心价值观培育的价值呈现

道德治理涉及政治、经济、文化、社会、生态等层面，其实现的关键在“治”，以期望达到多个层面的合理、有效发展，而“治”的关键在人，即我们所说的公民个体。正如马克思所说：“人创造环境，同样，环境也创造人。”① 道德治理的实现不是在一个人、一个社会团体的教育引导下形成的，而是全体社会成员共同努力的结果。社会主义核心价值观培育对道德治理而言，既是手段又是目的，不论从何种角度来讲，道德治理的终极目标就是实现人的全面发展，同样，公民个体社会主义核心价值观的良好培育需要道德治理的现实依托。

（一）道德治理为社会主义核心价值观培育创设良好氛围

首先，道德治理涉及的范围较广，涵盖政治、经济、社会、文化、生态等多个层面，它普遍地渗透在人们社会生活的各个领域，甚至可以说人们的任何一种社会活动都或多或少地与它存在联系。道德治理不断实现的过程，必将是对社会不道德行为、道德滑坡等现象的铲除，也只有这样才能净化社会环境，从而为人们的社会主义核心价值观培育创设良好氛围。

其次，道德治理作为国家治理的一个基本手段，不仅体现的是“法治”与“德

①马克思，恩格斯．马克思恩格斯选集：第 1 卷 [M]．中共中央马克思恩格斯列宁斯大林著作编译局，译．北京：人民出版社，2012：172—173.

治”的有效结合，还体现着国家对我国优秀传统道德的广泛弘扬。当下有我们所弘扬的优秀道德规范，如敬老爱幼、爱党爱国、遵纪守法、诚实守信等。通过宣传这些优秀的道德规范，既给人们的社会主义核心价值观培育树立了模范榜样，也为人们传递和规定了基本道德规范，在一定程度上促使了良好社会风气的形成，也为社会主义核心价值观的培育营造了良好氛围，使社会主义核心价值观培育在潜移默化中进行。

最后，道德治理不仅体现在社会公共秩序中，还反映在每一个体的家庭生活与职业生活中。家庭生活和职业生活是公民个体生活的最基本的领域，家庭生活中每一位成员都扮演着重要角色，影响着人们的正常生活与健康发展，职业生活则对每一位公民个体提出更加明晰的职业道德与行为操守等具体规范性要求，处理好家庭与职业生活，有助于维护公民个体的健康成长与社会安定。“广大家庭都要重言传、重身教，教知识、育品德，身体力行、耳濡目染，帮助孩子扣好人生的第一粒扣子，迈好人生的第一个台阶。要在家庭中培育和践行社会主义核心价值观……要积极传播中华民族传统美德……推动人们在为家庭谋幸福、为他人送温暖、为社会作贡献的过程中提高精神境界、培育文明风尚。”① 道德治理正是通过对公民的社会公德、家庭美德、职业道德的具体形式，进一步规范公民道德行为，为社会主义核心价值观培育聚合力、添助力。

（二）道德治理为社会主义核心价值观培育提供社会保障

改革开放以来，我国在政治、经济、文化等领域都取得一定的突破，综合国力不断增强，人民生活水平日益提高，国民素质也有一定的提升。需要注意的是，公民个体之间若在一定的差异，必然要求培育手段等内容作出相应调整。

从整体上讲，通过道德治理对公民意识形态领域的不断规范化，在促进社会进步、经济发展，以及科学文化水平的提高具有积极作用，同时，这种经济和文化水平的提高，也必然为公民意识的培育提供物质上和精神上的保障，使公民意识培育

①习近平. 习近平谈治国理政：第二卷［M］. 北京：外文出版社，2017：355.

不断朝着规范化和科学化方向发展。具体而言，道德治理为公民个体的社会主义核心价值观培育提供的社会保障，主要包含以下两个方面。

一方面，通过利用法律规范的强制力与道德的舆论引导为公民个体的社会主义核心价值观培育保驾护航。法律是底线的道德，也是道德的保障。需要注意的是，社会主义核心价值观培育不只是公民个体的、单向的实现过程，更是社会集体的、多向的实践活动。

另一方面，道德治理为社会主义核心价值观培育提供制度与机制保障。随着全体国民整体素质的提升，以及社会制度的不断完善，利用信息技术的优势，有关单位、部门对“老赖”进行了相应的惩罚，如限制其购买机票、限制其进出部分公共场所、将其提交司法机关审查等。道德规范与法律规范相依托，为公民提供法律红线与道德引领的空间格局，保障社会主义核心价值观培育的有序进行，同时随着道德治理的制度与机制建设的不断完善，也使公民“不能失信”“不敢失信”“不想失信”的目标逐步实现。

（三）道德治理为社会主义核心价值观培育确立目标方向

恩格斯曾说：“在社会历史领域内进行活动的，是具有意识的、经过思虑或凭激情行动的、追求某种目的的人；任何事情的发生都不是没有自觉的意图，没有预期的目的的。”① 社会主义核心价值观培育活动同样如此，它具有明确的目的，并由道德治理所影响和确立。如前所述，道德治理所要完成的任务有两项：一是通过对公民的道德教育、价值观教育、理想信念教育等，实现公民整体素质的提升，促进人的全面发展。二是对现实社会中的道德突出问题进行专项整治，净化社会氛围，打击违法败德者，保障公民社会生活的良好有序进行。以上两项任务的完成，都需要加强对公民的道德教育、价值观教育，这更需要依靠对公民个体的社会主义社会主义核心价值观培育。

道德治理为社会主义核心价值观培育确立目标方向，同时，道德治理也为社会

①马克思，恩格斯．马克思恩格斯选集：第四卷［M］．中共中央马克思恩格斯列宁斯大林编译局，译．北京：人民出版社，2012：253．

主义核心价值观培育的成效检测提供依据。社会主义核心价值观培育程度的检测要与社会现实相贴近，要与道德治理所树立的目标方向相承接。

第三节　社会主义核心价值观培育对道德治理的时代价值

新时代中国特色社会主义实践勾勒出作为社会意识存在的核心价值观追求。社会主义核心价值观，“是当代中国精神的集中体现”①，对规范个体实践交往的价值评价与价值选择具有重要指导意义，以价值规范的属性彰显现实实践的正义性评价诉求，同时，它也是中华优秀传统文化的价值基因，是在中华儿女千百年实践交往过程中磨炼出的特有价值风貌，承载着我们每个人的美好生活愿景，已成为“百姓日用而不知”的价值规范特性，是“国家共同的思想道德基础”②。新时代充分利用社会主义核心价值观培育与践行契机，不仅有利于明确全体社会成员普遍遵循的价值规范、价值取向、价值理想，而且以社会主义核心价值观为价值导向，是推进道德治理实现，以及提升道德治理实效性与长久性的有利抓手，它以一种精神文明滋养渗透在新时代道德治理全过程。

一、形塑价值规范，提升道德治理主体基本涵养

道德治理的主体是现实生活中每一个活生生的个体，推动道德治理的实现同人的自由而全面发展、道德主体素质的提升是同一个过程的两个方面。从现实来看，失去独立人格并离开精神意志的指引与支撑的人，在一定程度并不是一个真正意义上的人。理想信念反映着人的理想追求、精神信念和价值目标，构成人的世界观、

①习近平．决胜全面建成小康社会 夺取新时代中国特色社会主义伟大胜利：在中国共产党第十九次全国代表大会上的讲话［M］．北京：人民出版社，2017：42.

②中共中央宣传部．习近平新时代中国特色社会主义思想学习纲要［M］．北京：学习出版社，2019：143.

人生观、价值观的核心，是人们灵魂的精神支柱和安身立命的精神家园。一个人有什么样的理想信念就会有什么样的世界观、人生观和价值观，当人们有明确的理想信念后，就会形成相应的价值理想、偏好的价值取向，以及树立于自我心中的价值规范。信仰迷失、偏离，精神上就会“缺钙”，思想根基不牢将进一步带来是非观不明、义利观不清、意志信念不坚定，从而进一步引发一些人对中国特色社会主义共同理想、共产主义远大理想置若罔闻，法治意识、责任意识、主体意识、规范意识、权利意识、义务意识、道德意识等淡漠，由此诱发一些人居心叵测、道德失范、败法乱纪等行为。因此，无论是人们的认识活动还是实践活动，都需要有一个明确的价值规范、明确的价值评价标准、反思的根据，这个规范的基本内容、评价的核心要义、反思的基本根据总是以一定的社会主流价值形态为参照和引导的。社会主流价值形态标尺是全体社会成员基本的价值规范和正当行为的逻辑遵循，个体理性认知与实践经验的获取，以及道德人格的养成总是以社会一定主流价值观、主流道德规范、价值取向相一致，个体在无拘无束思考或随个体自由意志而进行实践活动时，其思考的问题、思考问题的方式、解决问题的办法和理念，以及在实践活动中解决各类突发事件的“下意识”理念、方式，都是主流价值观在冥冥中提供的。从某种角度上来说，道德主体的内在价值评价尺度、价值规范尺度，即内化了的主流价值观。任何一个社会都将存在各式各样的价值形态，社会价值形态的多样性也进一步塑造出多元主体人格的性格倾向性特征，但是，多元价值形态不是彼此孤立、互不联系的单一体，主流价值形态是多元价值形态相互交织、共同发展的必然的、本质的结果。社会意识是社会存在的直接反映，任何价值形态的形成都是以一定社会形态的现实发展程度为根基的，“实践对社会存在的规定，具体体现为多重实践方式（诸如生产、交往、劳动、生活、感性以及对象性活动）对社会存在的价值论及其哲学人类学性质的规定与解释”①。

每个人都将在社会主义核心价值观及其制度规范指导下交往、实践，受到现实

①邹诗鹏. 马克思的社会存在概念及其基础性意义 [J]. 中国社会科学，2019（7）：426；204.

社会存在的评价，也注定在社会主流价值观引导下的良善道德环境、良善道德规范养成的过程中坚定自我价值选择及完成人格塑造的社会化发展。“人是一个特殊的个体，并且正是他的特殊性使他成为一个个体，成为一个现实的、单个的社会存在物，同样，他也是总体，观念的总体，被思考和被感知的社会的自为的主体存在，正如他在现实中既作为对社会存在的直观和现实享受而存在，又作为人的生命表现的总体而存在一样。”① 人在社会价值规范的选择、塑造、实践的过程中折射出最真实的自我价值实现。社会意识对社会存在的反映是富有能动性、主动性的，在指引人们改造社会现实及人格塑造等方面具有重要的意义。也就是说，人的实践交往活动将同现实价值规范、价值取向、价值理想影响下所形成的道德规范、制度安排、法律法规相同步，使人时刻处于价值规范的合理、合法、合规的价值评价导向中，同时，人也将在真实的道德治理实现中以更加自觉、自信的理想追求赋予道德规范现代化追求，满足不断生成、发展的“现实的个人”所需良善道德环境条件及道德人格追求。“人创造环境，同样，环境也创造人。”② 道德主体的良善人格养成并非主体自我教育、自我实践的结果，而是道德主体一个良善社会规范体系下长期进行实践交往、反思评价、经验总结等现实生活的实践活动中生成、塑造出的，它离不开社会主流价值规范的教育、引导，更离不开以社会主流价值观为导向所形成社会制度规范的影响。人们在道德治理的过程中不仅提升自我认知、塑造良善道德人格，而且在自我认知、自我意志、自我价值实现的过程中不断推动社会规范的螺旋上升，以此不断地提升社会制度的现代化治理水平、提升社会文明程度、提高全体社会成员文明素质水平。以社会主义核心价值观为主导的价值规范赋予道德主体基本的价值认知、价值判断、价值选择及价值实践的首要前提，而道德治理的实践过程又将进一步反作用于价值规范，使价值规范始终同人们道德实践的发展要求、发展程度相

①马克思，恩格斯．马克思恩格斯全集：第三卷［M］．中共中央马克思恩格斯列宁斯大林著作编译局，译．北京：人民出版社，2002：302.

②马克思，恩格斯．马克思恩格斯文集：1843—1848 年［M］．中共中央马克思恩格斯列宁斯大林著作编译局，译．北京：人民出版社，2009：545.

同步，二者共同构筑起全体社会成员实践交往的基本行为纲纪。

二、凝聚价值共识，塑造良好道德治理社会氛围

社会主义核心价值观是当代中国精神的集中展现，是社会主义精神文明建设的核心价值导向，也是推动新时代道德治理实现的价值内核。社会主义核心价值观引导人们在追求最广大人民根本利益中奉献自我，实现自我价值，在为人民服务中达成个体价值与社会价值的统一，真正实现人的自由而全面发展。新时代推进道德治理需要不断提升道德主体基本涵养及塑造良善道德品格，同时也需要以更加公平、正义、良善的社会环境夯实道德人格养成的现实成效，使人们在社会实践交往过程中不断加深已有道德习惯、理想追求，这就需要进一步提升社会主义核心价值观为引领的全体社会成员思想文化共识，引导人们把社会主义核心价值观作为立德修身的根本遵循。“要把社会主义核心价值观的要求融入各种精神文明创建活动之中，吸引群众广泛参与，推动人们在为家庭谋幸福、为他人送温暖、为社会作贡献的过程中提高精神境界、培育文明风尚。要利用各种时机和场合，形成有利于培育和弘扬社会主义核心价值观的生活情景和社会氛围，使社会主义核心价值观的影响像空气一样无所不在、无时不有。”① “把社会主义核心价值观融入法治建设、融入社会发展、融入日常生活。”②

人不是离群索居的、抽象化的“原子化自我”，而是随实践交往不断实现社会化发展的“现实的个人”。“人的本质不是单个人所固有的抽象物，在其现实性上，它是一切社会关系的总和。”③ 马克思主义价值哲学在唯物史观意义上，对“现实的个人”交往自由与实践秩序、自我约束与社会规范、实然真实性与应然合理性等方面作系统阐述，对理解、把握价值观教育、道德教育及道德治理等方面具有重要的意

①习近平. 习近平谈治国理政：第一卷［M］. 北京：外文出版社有限责任公司，2018：165.

②习近平. 高举中国特色社会主义伟大旗帜 为全面建设社会主义现代化国家而团结奋斗：在中国共产党第二十次全国代表大会上的报告［M］. 北京：人民出版社，2022：44.

③马克思，恩格斯. 马克思恩格斯选集：第一卷［M］. 中共中央马克思恩格斯列宁斯大林著作编译局，译. 北京：人民出版社，2012：139.

义。从马克思主义价值哲学的实践品格来看，价值规范、价值认同构成人们社会实践交往的基本价值认知前提，以全体社会成员普遍认同的价值共识为价值导向所形成的制度规范体系，特别是道德规范、伦理要求对于维护当前全体社会成员普遍价值共识、塑造良善价值观为引导的社会氛围具有重要意义。实践性构成价值观教育、价值观认同及道德治理实现的本质要求，以全体社会成员的社会交往及其实践活动为根基，形成社会主流价值观引导下的价值认同与道德规范、法律规范等制度规范体系的有机统一。社会性是人的本质属性，“作为确定的人，现实的人，你就有规定，就有使命，就有任务”①，人的发展离不开社会支撑与保障，社会的发展同样离不开人的努力与奋斗。

社会主义核心价值观汲取中华民族千百年实践探索的价值沉淀，一经形成便不易改变，并以一种潜意识的形式成为人们世界观、人生观、价值观形成的最深沉因素，而且在人们的日常生活实践交往过程中，不自觉地渗透着中华儿女传承千百年的价值规范、价值共识。社会主义核心价值观汲取中华民族优秀传统价值追求，如自强不息的自我实现精神、忧国忧民的爱国主义精神、公道曲直的社会道德评价导向、“己所不欲，勿施于人”的社会交往法则、“天人合一”的人与自然和谐相处的生态观念等，这些中华优秀传统文化早已成为渗透在中华儿女骨髓中的民族基因，在人们的现实生活中时刻发挥着警醒、引导、规范的作用。“牢固的核心价值观，都有其固有的根本”②，“一个民族、一个国家的核心价值观必须同这个民族、这个国家的历史文化相契合”③。中华民族传承千百年的民族基因、价值追求不仅为新时代社会主义核心价值观教育提供深厚的民族记忆、历史文脉、人文情怀，而且为弘扬新时代道德文明提供了深厚的历史资源，在此意义上，将中华儿女历经千百年所形成的文明成果、价值精髓实现“历时态”与“共时态”的统一。社会主义核心价值

①马克思，恩格斯．马克思恩格斯全集：第三卷［M］．中共中央马克思恩格斯列宁斯大林著作编译局，译．北京：人民出版社，1960：329.

②习近平．习近平谈治国理政：第一卷［M］．北京：外文出版社有限责任公司，2018：164.

③习近平．青年要自觉践行社会主义核心价值观：在北京大学师生座谈会上的讲话 2014 年 5 月 4 日［M］．北京：人民出版社，2014：8.

观作为新时代全体社会成员的普遍价值共识，赋予新时代全体社会成员明确的价值导向与基本行为规范，以此搭建起人们社会实践交往的基本价值逻辑遵循，形成人人遵循、人人践行的社会主义核心价值观培育与践行的现实框架体系，这对于助推道德治理具有积极的作用，既形成较为真实、可靠的广泛主体参与力量，又营造了一个人人参与、人人践履、人人监督、共同奋斗的良善社会氛围，这对于塑造人们良善道德品格、明确正向的道德评价导向及完善长久稳定的道德践行纲要具有一定的意义。

三、夯实价值理想，助力道德治理长效持久发力

无论是价值规范的实施、价值取向的明确，还是价值理想的树立，它们都是“现实的个人”实践交往的必然产物，都是社会存在在社会意识层面的客观反映。价值观是人在现实实践中形成的关于价值问题的总的看法和根本观点。其内蕴人实践交往是非善恶、黑白曲直的价值判断及价值选择，体现着个体实然状态下的人格选择及应然状态下的理想夙愿。社会主义核心价值观蕴含全体社会成员普遍认同的价值规范、价值取向、价值理想，而道德治理则进一步以道德规范的形式保障全体社会成员普遍认同的社会主流价值形态，它们分属观念上层建筑和政治上层建筑，二者共同构筑起“现实的个人”自我内在评价与群体、社会外在价值评价的规范意识来源。“发展着自己的物质生产和物质交往的人们，在改变自己的这个现实的同时也改变着自己的思维和思维的产物。不是意识决定生活，而是生活决定意识。”① 社会主义核心价值观同道德治理深度融合是守护全体社会成员内在精神家园，维护普遍一致作用下价值规范、价值取向、价值理想的现实选择。从社会主义核心价值观的内在构成来看，价值规范赋予全体社会成员基本的行为规范与价值准则，它以明确的价值观念阐释人们不可违的“红线”“底线”，以及人们社会交往过程中必须遵循的道德法则；价值取向则是全体社会成员在社会交往普遍联系过程中形成的社会发

①马克思，恩格斯. 马克思恩格斯文集：1843—1848 年［M］. 中共中央马克思恩格斯列宁斯大林著作编译局，译. 北京：人民出版社，2009：525.

展价值纲要，它既是人们相互联系形成的对于社会共同体所具有的价值要义，又是社会共同体诉诸每一个社会成员所应遵循的社会交往法则；价值理想则是社会主义核心价值观的核心指向，它以明确的价值目标诉诸人们所要建设的社会形式、国家发展目标要求，价值理想是价值取向及价值规范树立的核心价值旨归，对推动社会整体发展及人们精神富足具有重要引领意义。“物质存在方式虽然是始因，但是这并不排斥思想领域也反过来对物质存在方式起作用。”① 树立正确的价值导向及明确的价值理想追求，不仅是个体自我价值实现的现实途径，而且是个体价值实现同社会集体价值愿望达成的关键节点，是实现道德治理系统性、稳定性、长期性、秩序性内在要求的首要前提。

社会生产高速发展的同时在一定程度上影响人们在现实生活中的高质量价值追求，竭力满足人民对美好生活的需求，既是社会生产发展的物质要求，也是新时代社会主义精神文明建设的重要指向。人民对美好生活的精神向往，不仅是社会生产的现实结果，而且是人成为人、实现自我价值、推进人全面发展良好价值追求的现实回应。人的美好生活精神向往不是一个抽象的理想缩影、概念逻辑，而是新时代现实生活的真实摹写，是全体社会成员在社会生活实践交往过程中展现出的普遍价值理想追求。美好生活的价值定义来自社会生产、历史传统沉淀、现实个体共有的价值观念，离开广大社会成员所普遍认同的“价值公约数”而独自宣扬自我价值追求，注定徒劳无益。个体美好生活精神需求满足的过程在生活中外显为个体以更优秀的姿态融入社会集体、创造更多社会价值的过程。从现实来看，“美好生活的理念与实践，一定是基于对某种具有最大公约数的公共价值集体性认同的结果，是以特定制度共同体的方式对于此种价值的不懈追求和坚定践履”②。社会主义核心价值观教育为保障每一位社会成员美好生活精神需求的满足提供基本价值规范前提和明确

①马克思，恩格斯．马克思恩格斯文集：书信选编［M］．中共中央马克思恩格斯列宁斯大林著作编译局，译．北京：人民出版社，2009：586．

②袁祖社．公共价值的信念与美好生活的理想：马克思哲学变革的理论深蕴［J］．中国社会科学，2019（12）：28－45；199－200．

价值理想倾向。道德治理则以道德规范、制度规范的形式为价值理想的实现提供现实制度手段与良善的秩序环境支撑。“制度好可以使坏人无法任意横行，制度不好可以使好人无法充分做好事，甚至会走向反面”①，“好”与“不好”不仅是制度效能评价的尺度，也是呈现社会主义核心价值观正义追求的内在意蕴，制度规范供给保障着全体社会成员的普遍价值理想共识，更为人美好生活的精神追求及美好生活实现所需的良好社会环境、秩序、氛围提供坚实制度根基。社会主义核心价值观为全体社会成员的美好生活精神需求提供普遍的价值理想、价值取向及价值规范，以价值一般为全体社会成员建构起普遍的价值评价的基本维度，既为人们美好生活的精神追求提供价值指引，又帮助人们形成关于美好生活普遍的价值共识，形成统一的关于美好生活的价值评价尺度。树立明确的价值理想并引导人们为之努力奋斗是社会主义核心价值观教育的题中之义，也是人自我成长、自我发展、自我提升、自我实现的内在精神动力支撑。与此同时，树立明确的价值理想为道德治理则提供了理想的“灯塔”，为道德治理长期实践活动的组织与推进找到了明确的“方向标”与“路线图”，它不仅为新时代社会成员实践交往的价值规范、价值取向找到了合理的、正义的价值阐释，使社会制度规范、道德伦理纲始终能够随价值理想的目标指引及社会发展的实践要求而实现螺旋式上升，而且为人们道德人格的塑造，特别是道德理想、道德信仰的夯实提供了明确的价值方向。

四、提升价值自觉，保障道德治理体制机制优化

社会主义核心价值观培育关键在于形成人们心中的价值自觉，使价值规范、价值取向、价值理想内化到人的思想观念及实践交往的现实生活中，这同道德治理的内在本质达成一致。从道德治理的本质上看，道德治理的本质是一项社会实践活动，这不仅需要明确社会的核心价值要义，以及形成社会主流价值观引导下的社会制度规范体系，而且更需要全体社会成员道德人格的养成，使道德主体行为规范由他律

①邓小平．邓小平文选：第二卷［M］．北京：人民出版社，1994：333．

走向自律，提升道德主体自我约束、自我规范、自我教育、自我监督的主体责任心与自觉性。

从唯物史观视域下探讨社会主义核心价值观培育对道德治理的时代价值，立足"现实的个人"实践交往的内在需要与人的社会性本质属性，进一步阐释社会制度规范对人的成长与发展的现实保障意义，蕴含提升人们的价值自觉对于优化道德治理体制机制、推动道德治理长效和谐具有重要意义，二者具有本质的、必然的内在逻辑关联，它体现为作为道德治理主体人的"为我性"与"我为性"的双向互动过程。社会主义核心价值观培育的目的在于"人"本身，在于满足个体成长所需的价值规范及制度安排，"我"既是活动的主体，又是活动的目的，呈现"为我性"的逻辑本源；社会主义核心价值观教育的参与者是"我"，依托制度规范提升价值自觉、价值评价实效性与稳定性的设计与实施过程，同样是由"我"完成的，实践主体"我"构成社会主义核心价值观培育及道德治理实现的现实手段。同时，社会主义核心价值观教育及道德治理的制度规范体系，构成每一位社会成员共同遵从和享有的价值追求及制度秩序，在维护生产生活的最优效率中，保障个体道德人格同社会集体价值评价的理性自觉与交往共情。社会主义核心价值观培育及道德治理的首要逻辑，应是满足"现实的个人"的价值需求及其发展。制度规范只有在满足人的现实需求前提下，才可发挥真正的效力，人们也才能够在维护制度实施的过程中，呈现出对制度规范的正当性与权威性追求。人的社会性属性规定着，"每个人只有把自己当作自为的存在才把自己变成为他的存在，而他人只有把自己当作自为的存在才把自己变成前一个人的存在"①。人的成长、人的价值利益的满足，需要建立在同他人相互交往利益满足的基础之上，社会主义核心价值观培育及道德治理制度规范体系实施，正是在此逻辑前提下，以制度规范、秩序结构的形式保障着人的目的与手段的统一，维护着社会主义核心价值观教育的正义性追求。

社会主义核心价值观培育与践行，将为新时代道德治理体系及治理能力现代化

①马克思，恩格斯. 马克思恩格斯全集：第三十卷［M］. 中共中央马克思恩格斯列宁斯大林著作编译局，译. 人民出版社，1974：198.

提供群防群治力量及现实承载手段。新时代社会治理共同体建设是中国特色社会主义社会建设的现代化探索，是提升社会文明、维护社会和谐秩序的现实载体。道德治理的体制机制作为社会治理共同体建设的重要一环，体现为新时代社会治理共同体建设对于中华民族优秀传统道德品格、人伦风俗习惯的承继，也呈现出中华优秀传统文化在新时代社会主义现代化强国建设征程中发挥的传承习俗、凝聚共识、筑牢梦想等内生推动作用。人民群众是社会历史的真正创造者，要推动社会治理重心向基层下移，建设“共建共治共享”的社会治理制度，建设人人有责、人人尽责、人人享有的社会治理共同体，需要明确的价值评价规范及其制度安排，以此构成人参与社会治理实践合理的、合情的、合法的现实手段及治理主体基本价值评价能力前提。中国特色社会主义治理共同体建设，意味着要在党的领导、政府管理、社会协调、群众监督等社会发展体制机制改革过程中实现多元互动，最大限度地保障人民权益、维护社会公平正义。在此意义上，人民既在社会治理中扮演着参与者、建设者与实践者角色，又是社会治理的监督者、评价者角色，使社会治理的现代化追求始终彰显人民对理想社会的价值正义。社会主义核心价值观培育及道德治理的实现，以制度规范的形式明确阐释全体社会成员所认同的是非善恶价值评价尺度及价值追求，在一般意义上进一步刻画出道德治理现代化的价值认知、价值实践及价值自觉的内在品质，这既从价值根本上保障道德治理的实现方向，也以制度规范的力量形塑道德治理参与者的主体逻辑前提。让每个人都能成为道德治理的参与主体，积极为道德治理过程中的各类问题，表达自我观点、陈述自我价值追求，将自己实践交往能力更好展现在道德治理建设中来，在人人参与、监督、共享道德治理实现过程中实现自我价值，这不仅是道德治理现代化所需的现实力量基础，也是社会主义核心价值观培育与践行所指向的目标要求。正如马克思恩格斯所言：“一个人的发展取决于和他直接或间接进行交往的其他一切人的发展。”① 社会主义核心价值观培育及道德治理的推进，以价值一般为道德治理提供价值评判准则及体制机制载体，

①马克思，恩格斯．马克思恩格斯全集：第三卷［M］．中共中央马克思恩格斯列宁斯大林著作编译局，译．北京：人民出版社，1960：515.

为道德治理各类问题的解决提供明确的价值正义追求，同时也为道德治理主体参与提供平台，既保障道德治理呈现出全体社会成员共同的价值意志，也在道德治理进程中维护着社会主义核心价值观培育与践行的现实成效及权威力度。

五、弘扬民族价值品格，建设中华文明道德治理新秩序

社会主义核心价值观培育及道德治理发轫于中华优秀传统文明，对塑造中华儿女的价值规范与共同理想具有潜移默化的精神品格及情感蕴藉。中华优秀传统文化历经千年而历久弥新，既包含传统治国理政的朴素价值品格，如为政以德、天下为公、家国情怀，又涵盖一系列“成人”“成圣”的精神气质，如自强不息、弘德明志、讲信修睦、忠孝仁义、明礼知耻、尚和合、崇正义。这些传统精神品质及理想追求在中华民族长此以往的历史长河中，早已成为流淌在人们血脉中的民族基因、历史记忆、文化髓质。“中国人民的理想和奋斗，中国人民的价值观和精神世界，是始终深深植根于中国优秀传统文化沃土之中的，同时又是随着历史和时代前进而不断与日俱新，与时俱进的”①，要“坚守中华文化立场，提炼展示中华文明的精神标识和文化精髓”②。要坚定文化自信，秉持开放包容，坚持守正创新，为全面建设社会主义现代化国家、全面推进中华民族伟大复兴提供坚强思想保证、强大精神力量、有利文化条件。社会主义核心价值观培育及道德治理的实现要在尊重民族传统习俗、共同理想夙愿及价值倾向性基础上，传承中华优秀传统文化，强固新时代价值观教育制度化结构安排的历史记忆与情感共鸣，同时坚定马克思主义的方向指引，在新时代中国特色社会主义实践探索中实现二者结合。

社会主义核心价值观源于中华民族千百年的交往习惯与民族记忆，承接于新时代中国特色社会主义现代化建设的现实要求与发展任务，它是在马克思主义意识形态引领下，形成的符合当代国人现实需求与发展目标的先进的、科学的社会主流价

①习近平．习近平著作选读：第一卷［M］．北京：人民出版社，2023：282.

②习近平．高举中国特色社会主义伟大旗帜为全面建设社会主义现代化国家而团结奋斗：在中国共产党第二十次全国代表大会上的报告［M］．人民出版社，2022：45.

值形态。社会主义核心价值观培育与新时代道德治理的推进，是内容与形式、现象与本质的有机统一，直接表现在人实践交往过程中的价值规范与制度安排的“历时态”与“共时态”的统一。社会主义核心价值观培育与道德治理推进的“历时态”特征，即社会民众广泛存在的历史文化、民俗习惯传承及其心理情感认同，如传统公序良俗、道德追求、人格塑造、生活礼仪等，它们作为一种潜在的、非正式的制度规范发挥着对社会成员的传统价值观培育、评价的意义；“共时态”特征则表现为当代社会发展条件下，多元价值主体所普遍认同的社会主义核心价值观教育制度规范、运行秩序、结构体系等现实存在，对于社会成员发挥着引导、协调、规避、惩罚等塑造、规范、引领意义。“培养社会发展所需要的人，说具体了，就是培养社会发展、知识积累、文化传承、国家存续、制度运行所要求的人。”① 社会主义核心价值观源于对中华民族五千年历史的传承，从中华儿女共有的生活习惯、文化风貌、人文气息等方面可以看出，中华优秀传统价值追求早已作为一种潜在的制度规约隐匿在人们的交往习惯、生活规范、道德品格之中，成为中华儿女的精神髓质。人的现代化交往应在现实价值观教育制度规范引导、维护下，实现中华优秀历史资源的传承，守护好中华儿女共有的精神家园。社会主义核心价值观培育与道德治理的实现是一个长期的社会累积、历史发展过程，需要社会各方主体力量的相互配合，其自身具有的复杂性、系统性、长期性、依附性等“品格”，更在价值观培育活动的现实性上规定着价值观培育制度化的实践安排，呈现出多元主体参与及其制度规范共同生成的“共时态”要求。

从马克思主义唯物史观来看，社会主义核心价值观培育与道德治理的推进，应随人的现实交往需求与社会发展利益目标实现而不断优化发展。新时代社会主义核心价值观培育，要立足新时代中国特色社会主义伟大实践，明确社会主义建设方向，明确中华民族特有价值属性，明确新时代人民美好生活精神向往的根本追求，同理，新时代道德治理也要立足新时代中国特色社会主义伟大实践，明确道德治理的主要

①习近平. 在北京大学师生座谈会上的讲话 [M]. 北京：人民出版社，2018：5.

任务在于塑人、育人，明确道德治理的核心价值呈现应是社会主义核心价值观的核心要义，明确道德治理所肩负的任务应是继承中华优秀传统美德、赓续新时代中华民族社会主义道德品质。新时代要以社会主义核心价值观培育与道德治理推进为契机，广泛弘扬中华民族优秀价值品格，建设中华民族道德治理新秩序，向世界展现中国形象、中国精神、中国气质。社会主义核心价值观培育及道德治理的推进，应是价值理想与制度规范正义性追求的不断作用、生成、螺旋上升的过程，是价值引导与道德规范、制度安排的“实然性”与“应然性”的统一。“人”是在实践活动中不断生成的人，承载协调人实践交往功能的制度，也应是随人的生成而不断发展、变化的，呈现出“人”对价值观培育及其制度规范的正义追求。

第四章　新时代社会主义核心价值观培育助力道德治理实现的路径探寻

新时代社会主义核心价值观培育助力道德治理实现的路径探寻，应遵循系统性、科学性、人本性等观念，以较为科学、严谨的顶层设计充分融入多姿多彩的现实生活，以更为生活化、实践化、制度化的方式夯实新时代社会主义核心价值观培育的规范体系、有序机制、良善环境，将社会主义核心价值观培育工作落细、落小、落实，进一步提升社会主义核心价值观教育的科学性与实效性，助力社会道德治理体系与治理能力现代化实现。总的而言，主要从树立社会主义核心价值观培育的科学理念、健全社会主义核心价值观培育的有序机制、创造社会主义核心价值观培育的良好环境、打通社会主义核心价值观培育的连接环节，以及形成社会主义核心价值观培育的主体合力五个方面展开论述。

第一节　树立社会主义核心价值观培育的科学理念

树立社会主义核心价值观培育的科学理念主要是针对当前公民核心价值观培育中存在的忽略价值主体需要，通过外界强压“灌输”的方式对广大公民开展教育，并诉求通过这样的方式，实现对公民有序管理的目的，把对公民的核心价值观培育作为实现政治统治、社会管理、协调社会秩序与人际关系处理的工具，这一现实性问题提出的。

一、树立社会主义核心价值观培育的人本化理念

社会主义核心价值观培育最首要的就是树立人本化理念，这是由人的历史与现实地位所决定的。从社会主义核心价值观的产生或来源上看，一个社会的核心价值观是由广大人民群众经过长期的生产生活，为满足自身需要而主动创造的精神文明成果，它是人们生产生活经验的积累，也是人们的理想夙愿、心灵寄托。同时，从社会主义核心价值观对人的现实意义或目的上看，它是为了保障人们正常生产生活秩序、满足个体需要，以及促进社会不断向上发展而产生的。因此，我们需要将人本化理念作为社会主义核心价值观培育的首要理念，这就意味着在社会主义核心价值观培育与实践的全过程，都要把“人”作为社会主义核心价值观培育的根本出发点和落脚点，真正做到“以人民为中心”“人民至上”。

首先，要以满足公民个体需要、促进公民个体发展为目的。社会主义核心价值观培育的目的在于满足公民个体的需要和发展。需要注意的是，满足公民个体在思想意识领域的需要，为公民个体具备良好的道德与法律素养，也为实现道德治理提供条件。道德治理的问题众多，涉及行业较广，需要不同领域、不同行业经验的众多人才，这是对全面型人才的客观需要。在长时间的道德治理实现过程中，面对纷繁复杂的各类问题，更需要人们能够有全面性处理经验、知识，以及大局意识来实现长久发展。与此同时，社会主义核心价值观培育是面对全体社会成员的培育，是促进公民整体素质提升及全面发展的培育，这就要求在培育的过程中，平等地对待每一个人，要放眼全体社会成员，实现每一个公民的进步。

其次，要以培养公民个体对现实的价值判断与选择能力为己任。要满足公民个体的生存与发展的需要，就必然要把培养公民的判断与选择能力为己任。正如前文所述，社会主义核心价值观的培育不仅是一个理论问题，更是一个实践问题。随着个体与社会的发展，将会遇到各种复杂的社会伦理问题。在面对这些问题时，培育公民良好的道德认知及选择与判断的实践能力才是关键，这是社会主义核心价值观培育助力道德治理实现的真正意义所在。公民的主体意识是社会主义核心价值观培

育的核心内容，但培育公民所具备较高的责任意识也是社会主义核心价值观培育的关键一环，是道德治理实现的必然诉求。

最后，要把沟通对话的方式作为社会主义核心价值观培育的基本方式。沟通对话的方式体现了社会主义核心价值观培育的主客体之间的平等地位，是对单向教育“灌输”模式的进一步完善，更是对受教育者主体地位的尊重。道德治理的实现必然需要这样的方式进行社会主义核心价值观的培育，正确认识治理主体与客体相互转换这一特点，通过沟通与对话的方式，引导公民对自身有更明确的认识，是不断促进培育主客体双方共同进步的科学手段。

二、树立社会主义核心价值观培育的主体性理念

从根本上讲，社会主义核心价值观的培育是对具有主体性和主动性“人”的思想意识及观念的提升，这个过程既需要依靠公民个体在思想意识上的转变，也需要依靠公民个体在现实实践中严格遵守。在培育过程中不但要尊重具有主体性的公民，更要依靠公民个体所具备的主体性与能动性推动社会主义核心价值观培育各个环节的不断前进，使社会主义核心价值观的培育随着时代的发展而发展，使道德治理的实现随着进程的推进更具人本化、科学化和现代化，更能凸显“人”的色彩。

树立社会主义核心价值观培育的主体性理念，一方面要从尊重公民主体地位、培育公民主体意识出发。尊重公民个体的主体地位，是社会主义核心价值观培育人本化理念的进一步深化。尊重公民个体意味着社会主义核心价值观的培育不仅要充分理解，更要充分相信公民个体的价值选择，相信公民个体能够为自身的全面发展而不懈努力。与此同时，也要反对强压式的社会主义核心价值观培育，这种类型的培育方式不仅在一定程度上遏制了公民个体的自由个性发挥与自我发展内在活力彰显，更使其的主动性努力得不到充分发挥。那种不尊重公民主体地位而实现的道德治理注定是不长久的，那种不重视培育公民主体意识而得到的道德治理必然是没有活力的。道德治理从本质上讲还是对人的治理，是为实现人全面而自由发展铺平道路的手段，倘若这样的治理是建立在不强调公民主体地位、不发挥公民的主体精神

之上，那么这样的结果又有何存在价值。另一方面，要为广大公民提供更多的选择机会、发展空间，培育公民的责任意识。只有为公民提供尽可能多的选择机会、发展空间，大胆接受每个公民的主体选择，才能使每个公民融入社会发展的全过程，才能有机会使每个公民能够对自己所做的事情负责，才能使公民的责任意识得到更好的培育。因此，为公民提供更多的选择和发展空间，充分发挥公民主体精神与责任意识，才能更加凸显道德治理的人性化。

三、树立社会主义核心价值观培育的生活化理念

社会主义核心价值观的培育既是一个理论过程，又是一个实践的过程。同时，道德治理的提出既是对社会实践中对人的价值实现的进一步深化，也是对社会发展中对所存在的关于人的问题的发现与总结，它的发现和提出是具有实践意义的，它的实现过程和结果更具有实践的意义。要树立社会主义核心价值观培育的生活化理念，以指导公民生活为基本出发点，去调整社会主义核心价值观培育过程中存在的内容与手段等不合理因素，引导公民在道德治理的实践过程中发现问题，在道德治理的实践过程中发展自我。新时代社会主义核心价值观培育与道德治理实践过程中，要“注重宣传教育、示范引领、实践养成相统一，注重政策保障、制度规范、法律约束相衔接，使社会主义核心价值观融入人们生产生活和精神世界，激励全体人民为夺取中国特色社会主义新胜利而不懈奋斗”①。

一是在社会主义核心价值观培育内容上，取材于现实生活。培育内容应取材于现实生活，社会主义核心价值观的培育要与受众群体的年龄阶段相适应，与公民的现实生活相联结，培育内容的设置尽量能够涉及公民生活的方方面面，既要立足现实，又要引导公民树立社会主义与共产主义理想信念。我们所期望的通过社会主义核心价值观培育而实现的道德治理，正是对当前道德领域存在的突出问题的治理，而不是对过去和未来的可能存在的问题的治理。同时，随着时代的发展，要尽快融

---

①关于培育和践行社会主义核心价值观的意见［M］. 北京：人民出版社，2013：5.

合公民生活的各个领域的规范性学习，对公民的生活领域形成全方位的思想指导，如当前对公民在互联网、生态环境等生活领域下的社会主义核心价值观培育。要结合道德治理的任务和目标，在社会主义核心价值观培育的各环节更加凸显社会主义色彩，更加凸显中国特色。

二是在社会主义核心价值观培育方式上，融入现实生活。批驳被动“灌输”培育方式的同时，要引导社会主义核心价值观的培育者养成生活化的培育方式，在公民主体地位的基础上，指导、培育公民自觉自主自由地进行生活化教育。同时，要重视公民生活的整体性，实现社会主义核心价值观培育与公民生活的时间维度、空间维度、实践场所、所处环境等方面的有机统一。只有把道德治理融入社会主义核心价值观培育的过程中，把道德治理融入公民生产生活的现实环境中，才能取得道德治理的“第一手资料”，才能发挥道德治理的真正价值。

三是在社会主义核心价值观培育评价上，侧重于现实生活。针对社会主义核心价值观培育的结果评价上，要依据公民现实生活中的具体表现给出结论，把公民生活的各个领域都纳入公民素养的评价来源。目前建立的公民诚信测评机制，对在公共生活领域中存在诚信问题的公民采取了一定形式的惩罚措施，为全社会诚信意识的树立提供了一定的制度保障。我国未来在公民素养的评价机制建设上将更加完善，通过公民现实生活的具体表现形成的评价体系，进一步完善道德治理的评价监督体系。正如前文所述，社会主义核心价值观培育的程度是道德治理的衡量指标，而这样的衡量指标必然以公民的现实生活为根本的条件。

第二节　健全社会主义核心价值观培育的有序机制

道德治理的实现是长期的过程，需要对公民各领域的长期培养，这不仅需要全体公民的共同努力，更需要形成社会主义核心价值观培育的有序机制，以保证社会主义核心价值观培育的长期性，保证社会主义核心价值观培育各环节的稳定运行，以实现道德治理的目的。

一、激发社会主义核心价值观培育的动力机制

一般说来，社会主义核心价值观培育动力机制的激发大体可分为两个来源，即个体公民的内驱力与外推力，诚然，对社会主义核心价值观培育起决定性作用的还是公民的内在驱动力。因此，要尽量发掘、激发、利用公民个体的内驱力，并利用适当手段将外在助推力在一定程度上转化为内驱力。

一是要满足公民个体生存所必需的物质条件。按照亚伯拉罕·马斯洛（Abraham Maslow）的需求层次理论来讲，个体的生理与需求实现依次分为生理需要、安全需要、归属与爱的需要、尊重需要、自我实现的需要五个层次。社会主义核心价值观的培育是属于较高层次的需要，它依赖物质条件作保障，同时，社会主义核心价值观的培育也将为公民的生产生活提供精神上的支撑，这也是道德治理实现的目标。所以，要大力发展社会生产力，努力提高城乡居民的人均收入与生活水平，满足公民实现全面发展所需要的各类物质基础。

二是要构建激发公民个体内驱力所需的社会环境。社会环境是人们交往的现实场所与实践平台，是人成长、成才、发展的重要场所。“人的本质不是单个人所固有的抽象物，在其现实性上，它是一切社会关系的总和。”① 每个公民个体在现实生活中，都与他人存在着或多或少的联系，如在家庭中与亲人之间的联系，在工作环境中与同事之间的关系。如同马斯洛的需求层次理论一样，这种人与人之间的联系，不仅是社会发展的必要条件，也是人自身的内在需要。只有把公民个体融入社会关系中才能实现自身价值，个体为他人所作贡献的大小，是个体公民自我实现价值的大小。如前所述，社会主义核心价值观培育对道德治理的实现是必要的，同理，道德治理的实现对于培育社会核心价值观而言也是必要的，同个人与社会的关系一样，二者互为必要条件。因此，要净化公民生活的社会环境，形成“人人为我，我为人

---

①马克思，恩格斯．马克思恩格斯选集：第一卷［M］．中共中央马克思恩格斯列宁斯大林著作编译局，译．北京：人民出版社，2012：135．

人”的公共生活的理想状态。

三是加强对公民的社会主义核心价值观培育所需的教育引导。要经常性地对公民个体进行道德规范、法律纪律，以及思想政治等教育活动，利用外部教育的力量培育公民意识，培养他们积极向上的公民情感。这既是社会主义核心价值观培育所需，也是道德治理实现的基本手段，更凸显着社会主义核心价值观培育对道德治理的重要价值。

二、强化社会主义核心价值观培育的调控机制

社会主义核心价值观的培育是一项极其复杂的系统工程，只依靠公民个体的自我教育，或者外部环境的教育引导是不够的，还需要全社会各个部门在保证正确方向的同时，经过长期的共同努力才能得以实现。在这一长期的培育活动中，需要有明确的调控机制以保证社会主义核心价值观培育动力机制的有效性。

一是建立明确的社会主义核心价值观培育目标管理系统。社会主义核心价值观的培育涉及公民生活的各个领域，是一个复杂的系统工程，整个系统的运行需要各自职能部门的精准定位与协同配合才能完成，特别是将各部门的培育能力进行整合，把教育合力发挥到最大限度。通过建立明确的社会主义核心价值观培育的目标管理系统，将社会主义核心价值观培育进程中的各项任务落实到每个实际部门，通过制度化、目标化、规范化的形式，克服社会主义核心价值观培育存在的模糊化、随意化等缺陷，使社会主义核心价值观培育相关的每个工作人员和工作机构都能各司其职，主动承担相应责任，也只有这样才能逐级落实好道德治理的目标和任务，才能分步骤、分阶段、分层次地对道德领域中存在的突出问题进行充分解决。

二是形成合理的社会主义核心价值观培育奖惩机制。社会主义核心价值观培育的基本目的是通过对公民的道德规范、法律规定、思想政治等的规范意识培养，指导公民在合理有序的社会环境下更好地生活，在实现自身全面发展的同时，帮助他人或助推社会的向前发展。但是在这一培育过程中，需要构建对全体公民形成合力的奖惩机制，以确保社会主义核心价值观培育的实效性与时效性。要对先进的道德

典型、模范人物加大宣传力度，并给予适当物质奖励，以此来激发全体公民的学习动力。同时，要对违反社会道德、法律规范的人给予一定的批评教育与适当的惩罚。例如，当前针对公共场所吸烟、十字路口闯红灯等不文明现象，要给予警告与适当惩罚，既是对当事人的批评教育，也是对全体公民的警示教育。要在全社会形成合理的社会主义核心价值观培育奖惩机制，以使全体公民能够自觉遵守各项规章制度，使各项价值规范、价值理想、价值要义真正落实到现实生活中，这是提升社会主义核心价值观培育效度的最有效手段，而这一手段的发挥，既是对道德领域的分类处理，也是对道德环境的有效净化，为道德治理保驾护航。

三是加强社会主义核心价值观培育的评估指导体系建设。确立社会主义核心价值观培育的评估指导体系，目的就是根据公民的现实表现，以及社会主义核心价值观培育过程中存在的实际效果，确立中后期社会主义核心价值观培育的进度与侧重点，保证社会主义核心价值观培育的正确方向与有效调控。要运用先进的统计、测量与评估方法，除利用笔试测试的方式外，结合实际工作表现、公共生活中他人的评价等方式，对公民个体形成全面、客观的总和性评价，以此来了解公民个体的思想、价值观、心理、生活等现实状况，随时总结社会主义核心价值观培育的阶段性成果，积累经验，不断调整社会主义核心价值观培育的工作目标与方向，为道德治理筑起指导强基。

三、完善社会主义核心价值观培育的保障机制

社会主义核心价值观的培育不仅需要动力机制和调控机制，还要有完善的保障机制，这里主要包含以下两个方面。

一是领导力量与组织机构保障。面对改革开放以来复杂的国内外形势，在总结经验教训的同时，更要加强党的领导力量。“党政军民学，东西南北中，党是领导一切的”①，“中国共产党领导是中国特色社会主义最本质的特征，是全党全国各族人民共同意志和根

①习近平. 习近平谈治国理政：第三卷［M］. 北京：外文出版社有限责任公司，2021：85.

本利益的体现，是决胜全面建成小康社会、夺取新时代中国特色社会主义伟大胜利的根本保证”①。现阶段对社会主义核心价值观的培育与道德治理各环节，必须坚持中国共产党的领导地位不动摇，坚持社会主义方向不动摇，才是实现社会主义现代化建设的关键。与此同时，各级党组织也要明确自身任务与责任，始终把提升全体国民素质、推进各类教育环节的思想政治教育作为自身工作出发点，树立广大公民的马克思主义信仰与共产主义信念，使全国各族人民都能拧成一股绳、攥成一股力量。群团组织，“必须始终站在党和人民的立场上，坚持为党分忧、为民谋利，把思想政治工作贯穿所开展的各种活动，多做组织群众、宣传群众、教育群众、引导群众的工作，多做统一思想、凝聚人心、化解矛盾、增进感情、激发动力的工作”②。社会主义核心价值观培育的组织机制上，要组织一批政治性强、专业精、作风正的社会主义核心价值观培育队伍，在各单位的党委统一部署下，充实各单位人员社会主义的思想建设。同时，也要不断加强各单位组织与宣传者的实践锻炼与学习，实时与社会主义核心价值观培育对象多沟通、多交流，积极研究新情况、解决新问题。

二是社会主义核心价值观培育的组织经费保障。没有强有力的物质保障，公民的社会主义核心价值观培育将无从谈起。要在满足人民物质生产需要投入的同时，也要适当加大对社会精神文明建设的投入。当然，这里的物质保障不仅包含社会主义核心价值观培育过程中所需的教育经费，还包括组织宣传活动、实践调研，以及奖励表彰和图书资料的建设等所需经费。

第三节　创造社会主义核心价值观培育的良好环境

人与环境是相互影响、相互成就的同一过程的两个方面，如马克思所言：“人创

①习近平. 习近平谈治国理政：第三卷［M］. 北京：外文出版社有限责任公司，2021：89.

②中共中央文献研究室. 习近平关于社会主义政治建设论述摘编［M］. 北京：中央文献出版社，2017：194.

造环境，同样，环境也创造人。”① 道德治理是对道德本身的实现，是对道德作用发挥程度的进一步扩大化，它的发挥将为社会主义核心价值观的培育带来良好环境，同时，公民社会主义核心价值观的培育又将促进道德治理水平的不断提高。

一、创造社会主义核心价值观培育的良好社会环境

“人的本质不是单个人所固有的抽象物，在其现实性上，它是一切社会关系的总和。”② 每个公民在现实社会中，都不能脱离社会环境的影响，都时刻与社会环境中的每个客体发生着联系，创造良好的外部环境，对于社会主义核心价值观的培育至关重要，并对公民素养的提高具有潜移默化的作用。

一要创造良好的政治环境。要给予广大公民更多的民主参与和管理的机会，充分调动起广大公民管理社会、管理国家的积极性与参与性，把培育公民的主体意识与责任意识通过实践的形式加以强化落实。充分发挥“村委会”与“居委会”两大群众自治组织机构的自我管理、自我教育作用，丰富公民的文化与政治生活。要加强政府管理工作的透明度，政府在强化协调发展的同时，也要注重将发展进程同广大公民互动分享，使广大公民都能融入国家和社会发展的全部过程之中。要坚持对国家公职人员、党员干部的严格管理，强化党员干部的政治意识、大局意识、核心意识、看齐意识，充分发挥党员干部的模范表率作用，加强对党员干部的习近平新时代中国特色社会主义思想教育实践活动，以及党史教育、党的群众路线实践活动等，把党员的先锋模范带头作用发挥到社会生活的方方面面，在这一层面讲，是将道德治理主体的自身素质水平不断推向前进的过程，是治理主体自身发展，以及领导全体公民共同前进的有效手段。

二要强化公民生活的法治环境。法律是公民生活正常运行的有力保障，是公民

①马克思，恩格斯．马克思恩格斯选集：第一卷［M］．中共中央马克思恩格斯列宁斯大林著作编译局，译．北京：人民出版社，2012：172－173.

②马克思，恩格斯．马克思恩格斯选集：第一卷［M］．中共中央马克思恩格斯列宁斯大林著作编译局，译．北京：人民出版社，2012：135.

现实生活规范的“红线”，是评价公民善恶的基本依据，国家系统完备的法治建设也是衡量综合国力的重要指标。党的二十大报告中明确指出：“我们要坚持走中国特色社会主义法治道路，建设中国特色社会主义法治体系、建设社会主义法治国家，围绕保障和促进社会公平正义，坚持依法治国、依法执政、依法行政共同推进，坚持法治国家、法治政府、法治社会一体建设，全面推进科学立法、严格执法、公正司法、全民守法，全面推进国家各方面工作法治化”①。法律的生命力在于实施，其体现为全体公民对法律规范的认同、尊重与落实。在生活中，具备强有力的监督与惩罚机制，对违法犯罪行为的有效惩罚，既是对法律规范的落实，也是社会主义核心价值观培育的有力依托。例如，在市场中，对诚信缺失、坑蒙拐骗的商家进行曝光与惩罚，对“黑心”生产厂商的法律制裁等都是对公民生活正常运转的有力保障。又如对旅游景点不文明行为的曝光，以及对国家历史文物、自然景观的人为破坏等行为的法律制裁等，都是在以法治的形式对公民社会主义核心价值观培育进行的正面指导。法律是道德的底线，道德是法律的引领，广大公民只有真正树立起法律意识，营造良好的法治氛围，才能为道德治理发挥保障作用，才能使道德的力量得到进一步提升。

三要打造公民生活良好的文化环境。文化是一个非常广泛的概念，涵盖的内容包罗万象，本节所指的文化主要是指与公民生活相关的一切精神产品。公民生活的文化环境主要涉及户外媒体宣传、行为规范、价值观念、风俗习惯等内容。当前对社会主义核心价值观培育特别要注重户外媒体宣传的力量，通过广大公民喜闻乐见、通俗易懂的形式，或以宣传片、动画等形式对广大公民进行隐性的社会主义核心价值观培育。例如，公共汽车上的宣传短片、道路两旁的大型宣传牌、公园内的“小贴士”广告标语，以及公共场所中的户外大屏幕等所做的宣传教育等，这些都将是社会主义核心价值观培育助力道德治理实现的重要宣传手段之一。同时，对社会主义核心价值观的培育还可以通过传统习俗教育，以及新时代文明实践中心、新时代

①习近平. 高举中国特色社会主义伟大旗帜 为全面建设社会主义现代化国家而团结奋斗：在中国共产党第二十次全国代表大会上的报告［M］. 北京：人民出版社，2022：40.

公民教育实践基地的完善建设得以实现。如通过端午节来弘扬屈原的爱国主义精神、从国庆节中体会国家发展给国民带来的安逸生活，以此来体会幸福生活的来之不易。又如对遵义、西柏坡等革命教育实践基地的建设，使广大公民能从实际生活中体会革命烈士为解放全中国、实现国家独立与民族复兴所作出的巨大贡献。这一系列的公民文化环境的建设，使道德治理能够以"试验田"的形式组织进行，为公民意识的培育提供"红色基地"，不断凝聚国民力量，保证道德治理的实现。

二、净化社会主义核心价值观培育所需的网络环境

随着互联网技术及新媒体平台的发展，利用互联网平台日益成为人们获取信息的主要手段之一。新时代，必须不断净化网络环境，具体做法如下。

一要健全互联网法治建设，加强互联网监管力度。面对在互联网领域中不断出现的新情况新问题，要主动出击，抓住问题的根源所在，通过实践调查确立形成有效的法律法规，以对扰乱互联网建设的非法人群实施严厉惩罚，以此来维护良好的互联网发展环境。对于发布虚假新闻，发表涉及色情、暴力、封建等不良信息的不法分子，一经查实，要对其重点打击。同时，要采用先进的技术手段，对互联网领域进行管理。如采用实名制登录互联网客户端，使每个网民以实名的身份融入互联网之中，同样对新媒体终端也采用实名制，以提高广大公民在互联网领域中的自我约束性，以及为网络监管工作人员提供有效监管依据。

二要建立公民参与政治生活的互联网服务平台。要充分利用互联网传输效率高、表现形式好、成本花费低及接受范围广等优点，充分设计、利用新媒体的互动参与平台。近几年新形成的一些政府服务门站，如"12345 政府服务平台""国务院政务大厅""扫黑除恶专项斗争监督举报窗口"等互联网自助服务平台，这些互联网自助服务平台，不仅利于政府高效管理，而且在一定程度上方便了公民生活。今后，要更多地利用互联网平台的便利性，将社会主义核心价值观的培育融入其中，如创建公民在互联网领域发表个人意见、政府政务监督，以及与政府实现互动交流的网络平台，以更好地体现公民个体的主体地位与民主权利，使社会主义核心价值观的培

育基于互联网平台，在与政府机关人员的交流中逐渐实现，从而推动政府管理的人本化、民主化和法治化建设进程的早日实现，真正将道德治理的主体回归于广大公民群体。

三要大力开发社会主义核心价值观培育的互联网教育平台。互联网的实时性与便捷性，使社会主义核心价值观培育的新媒体手段更加具有时效性。要基于互联网广泛创建一批社会主义核心价值观培育平台，如创设网络移动客户端、创建微信公众号等。这将会使社会主义核心价值观的培育跨越时空的限制，使期望或是乐于接受社会主义核心价值观相关培育的人群达成所愿，也利于社会主义核心价值观培育相关内容的科学整合，把历史、人文、时政、科技等相关知识，以音频、图画、图表、文字等形式，更加快速地传播给每个公民。与此同时，互联网平台上的社会主义核心价值观培育，要始终坚持弘扬社会主义主旋律，传递“正能量”，对广大公民产生消极影响的负面新闻要及时作出正向引导，从多角度、多方面传播人民群众喜闻乐见的大众文化，也使党和政府的政策更加及时地传播给每个公民。

第四节　打通社会主义核心价值观培育的连接环节

新时代社会主义核心价值观培育及推进道德治理的实现，就要把社会主义核心价值观培育的关键环节建设好，使涉及社会主义核心价值观培育所需的内容、方法、手段等培育环节有机统一起来，要使社会主义核心价值观的培育与公民自身发展的阶段特征相融合，使社会主义核心价值观的培育与公民个体发展的现实环境相融合，使社会主义核心价值观的培育与我国社会主义现代化建设进程相融合，更要使社会主义核心价值观的培育与国家道德治理的实现相链接。

一、确定目标，制订计划

明确社会主义核心价值观培育目标，制订翔实的实施计划，是进行社会主义核心价值观培育的关键，这一环节的优劣将直接决定着社会主义核心价值观培育效果的优劣，进而影响道德治理的实现程度。

第一，确定社会主义核心价值观培育的明确目标。社会主义核心价值观培育的目标是指在一定阶段内，社会主义核心价值观培育的教育者对受教育者有序开展的各项培育活动所期望达到的效果，它的确立将在一定程度上直接影响社会主义核心价值观培育的努力方向与具体要求。由于社会主义核心价值观培育是一项长期而又复杂的培育过程，受教育者涵盖各行各业、多个年龄阶段不同人群，各地人们的风俗习惯、教育水平的差异，使社会主义核心价值观的培育绝不能采用“一刀切”的教育方式，必须有针对性地对每个公民进行培育，这就从根本上要求社会主义核心价值观培育的目标具有个体针对性。同时，社会主义核心价值观培育的目标还要具有明确性和可行性。明确性要求把抽象化的社会主义核心价值观培育目标具体化，把宏观的培育目标分步骤、分阶段逐步确立各级目标，必须明确确立各个近期阶段或者各级目标具体的评价标准，以确保目标确立的有效性。可行性，即要对不同层次的社会主义核心价值观培育过程有效，目标的确立要适合独特的公民个体，要确立经过教育双方努力可以实现的目标，不能高于或者低于个体理解或实践水平。

第二，制订合理的培育计划，并在组织实施中不断优化。实现社会主义核心价值观培育确定目标的途径有多种，这就要求各级教育者在选择培养途径时注意鉴别、比较，从中选择质量最优且最具时效性的方案。这一过程可大体分为两步：一是顶层规划。要从具体培育目标的每个侧面发现影响培育的具体因素与关键环节，同时将受教育者个体因素、职业习惯等因素融入其中。社会主义核心价值观培育计划的设计要打破常规、大胆设计，大量搜集身边社会热点问题、典型事例，尽可能地以丰富翔实的具体事例与培育目标相融合。二是细节设计与优化。对提出的各种实施方案进行精心设计，要经过严格论证和细致推敲，不断丰富各个培育环节的生动活泼性，尽量使培育的每个环节既严密准确又通俗易懂，既活泼有趣又激发兴趣。同时，也要对提出的几种设计方案进行筛选、优化整合，最终确定一个具有可实施性、时效性的最优方案。只有通过翔实的培育计划，才更有利于对道德治理所分阶段、分层次逐步确立目标的实现，因为，社会主义核心价值观培育的每一环节的设计，都将直接影响道德治理每一过程的实现效果。

二、实施影响，促成转化

在确定最优方案后，也就进入社会主义核心价值观培育的实施阶段。实施阶段是社会主义核心价值观培育的中心环节，也是道德治理实现的中心环节。其主要任务是把所计划的培育方案落实到公民个体实践中，促使公民个体在活动的过程中实现自身的全面发展。

社会主义核心价值观培育的实施环节，大体需要经过以下三个步骤。

一是传递科学认识，提高公民自身的意识水平。社会主义核心价值观培育过程中的情感、意志、行为要始终建立在公民自身科学的认识基础之上，只有这样才能使公民对社会主义核心价值观培育具有强烈的认同感，从而使整个培育过程拥有有力根基。这就要求教育者注重公民个体教育的针对性与引导性，避免采用单一的“灌输”模式，通过洽谈、讨论、实地调查研究、数据统计、街头访谈等形式进行，把每个个体的积极性调动起来，使个体都能以教育主体的身份参与社会主义核心价值观培育，为提高公民个体的政治鉴别力、道德判断力及行为的选择能力奠定基础。

二是引导公民实现从认识到行为的转化，培育公民良好的实践能力。一方面，要重视在社会主义核心价值观培育过程中的情感培育。良好的情感教育将对公民社会主义核心价值观培育形成强有力的推动作用，并在实现社会主义核心价值观培育从认知层面到行为层面的实践转化中发挥润滑作用。要特别注意通过情感的力量促进公民社会主义核心价值观培育完成，在整个教育活动中，始终坚持“以情动人”“以情寓人”“以情化人”，充分发挥道德的感召力量，鼓励广大公民形成为人民、为祖国奉献自身的革命情怀。另一方面，适时对公民提出行动要求，促使其内化的实现。对受教育者所提出的行为要求，既不能过高，也不能过低，要在公民个体可接受的范围内适当提高要求，以便对其有奋发进取、开拓向上的激励作用，同时，所提的行为要求要具备可行性与实效性，要经过公民个体的努力实现，且能够促成公民个体水平的提高。

三是锻炼公民良好的意志品质，培养积极向上的生活习惯。一方面，社会主义核心价值观培育不是一蹴而就的，需要全社会共同的、长期的努力，而对于公民个体而言，在这一长期的教育活动中，锻造良好的意志品质至关重要。要在坚持对公民进行良好的情感培育的基础上，采取不同的锻炼措施，有意识地增加公民认知水平和实践锻炼的难度，同时坚持正面价值观的引导，培育公民阳光向上的健康人格，使社会主义核心价值观的培育在公民克服困难的实践中完成。另一方面，教育者要做好社会主义核心价值观培育的长期打算，相信“重复”的力量，对公民个体要不厌其烦地反复引导、反复实践，以不断巩固所形成的正确认识与良好行为，使之成为公民日常的生活习惯，从而形成稳固、愉快、健康的行为模式。

总之，对于社会主义核心价值观培育，要坚持从公民的“知”“情”“意”上下功夫，使其实现高度统一，为公民的实践打下基础。这不仅是社会主义核心价值观培育过程的需要，也是对道德治理实现过程的需要，发挥道德的力量同样如此，坚持“知”“情”“意”“行”各方面的合理配合、有效发挥，才能使道德规范深入人心，真正成为引导公民生产生活的价值指导。

三、信息反馈，评估控制

培育活动的有序进行，并不等同于社会主义核心价值观培育工作的完结。从社会主义核心价值观观培育活动的目的上讲，实现公民意识水平与公民素质的全面提高，推动当前道德治理的实现，才是社会主义核心价值观培育的最终目的。因此，对社会主义核心价值观培育工作的实效性检验，需要进行科学的反馈与评估。思想政治教育评估是依据一定的标准，运用测量和统计分析的方法，对思想政治教育的过程及其实际效果进行质的评判和量的估价的活动。据此，社会主义核心价值观培育的评估依据此定义，将涉及社会主义核心价值观培育的目标设定、教授内容、运用方法、教育过程，以及实际培育效果五个模块。

社会主义核心价值观培育的评估阶段是一项复杂的工程，它涉及社会主义核心价值观培育从目标设定到结果检验的全过程。同时，从所要检测的效果上看，又可分为显现与隐性效果、近期与远期效果、直接与间接效果，所采用的评价方式也分为活动性与非活动性评价、阶段性与总结性评价等。这就要求社会主义核心价值观培育的评估环节，要坚持辩证的思维方式，从全方位、全过程，多角度分析，注重从教育主客体双方所达到的实际效果上去完成。此外，要坚持将客观的评价测试与公民个体的活动性评价结合起来，重点监测培育公民个体所教授内容能否在社会生活中坚持，能否将社会道德规范、法律规范等意识要求内化为公民个体的实践依据与评价准则，能否在道德治理过程中发挥主体性作用。

作为社会主义核心价值观培育过程的最终环节，反馈与评估本身也具有社会主义核心价值观的培育功能。通过培育主客体双方的互动评价，既能使培育主客体在教育活动中有机结合起来，也能使培育主客体双方发现培育过程中的存在问题，从而促使教育双方在日后的培育活动中实现良好发展。在教育活动中，尽量采用积极的评价形式，如鼓励式教育，提高公民的自觉性与积极性，但也要对公民自身存在的问题提出批评，纠正并引导其错误的或者片面的认识，改变不良习惯。

总之，社会主义核心价值观的培育是一项复杂的意识培养活动，其具体的培育过程多种多样，没有固定的模板，具有较强的灵活性与独特性。但是以上三大环节，将始终贯穿社会主义核心价值观培育的全过程，并且三个环节是相互呼应、循循善诱、逐级深入的，任何一个环节的缺失或者作用不佳，都将导致社会主义核心价值观培育效果打折扣，影响培育目标的按时完成。因此，社会主义核心价值观的各级培育者，要重视每一环节的运作与相互链接情况，关心、关注公民个体每一阶段的发展与进步。在坚持培育目标、按步骤实行培育环节的情况下，以积极向上的心态，尽可能地传递给每一培育客体正向性的影响，传播正能量，真正将道德的引导作用，将道德治理的现代性转化作用发挥得淋漓尽致。

第五节　形成社会主义核心价值观培育的主体合力

社会主义核心价值观的培育需要在全社会多方主体的共同努力下完成，包括学校、家庭，以及社会。在社会主义核心价值观培育进程中，社会教育大多以社会环境的影响对公民个体施加影响，以形成社会主义核心价值观培育的潜移默化的影响力。

一、充分发挥学校在社会主义核心价值观培育中的主导地位

学校是社会主义核心价值观培育的主要场所，特别是青少年思想道德、法律法规及价值观等形成的主要教育场所，它在社会主义核心价值观培育中发挥着主导地位。“青少年阶段是人生的‘拔节孕穗期’，最需要精心引导和栽培。我们办中国特色社会主义教育，就是要理直气壮开好思政课，用新时代中国特色社会主义思想铸魂育人，引导学生增强中国特色社会主义道路自信、理论自信、制度自信、文化自信，厚植爱国主义情怀，把爱国情、强国志、报国行自觉融入坚持和发展中国特色社会主义事业、建设社会主义现代化强国、实现中华民族伟大复兴的奋斗之中。”①现实来看，发挥学校教育在社会主义核心价值观培育中的主导地位，应该从以下三个方面着手。

一要设计科学合理的培育内容。社会主义核心价值观的培育内容既要吸收国外核心价值观教育的先进经验，又要汲取中华优秀传统文化；既要立足现实，又要引领未来；既要考虑社会发展需要与要求，又要照顾公民个体水平与发展需要。统筹国内、国外，照顾社会、个体两方面的需要，同时也要遵循青少年思想状况的发展规律，以及社会发展规律，以合理设计培育内容。要避免广泛宣传“大而空”的道

①习近平. 习近平谈治国理政：第三卷［M］. 北京：外文出版社，2020：329.

德原则，超出青少年思想的可接受范围，也要避免死板、教条式的内容设计，要与社会发展的现实与趋势相联系，注重内容设计的时效性。

二要采用灵活多样的教学方法。减少单一的讲授式方法的使用，注重采用诸如疏导式、陶冶式、示范式、参与式等现代教学方法。既要立足公民个体深层次思想领域中培育目标的实现，又要避免采用传统说教的形式，尽量采用民主讨论的方式来解决，在发挥民主、引导、启发的教育基础上，用正确的社会价值导向去规范公民行为。要重视公民个体环境作用的发挥，特别是同伴群体的影响作用，为广大公民树立正确、合理的示范榜样。要注意利用情感、文学艺术等对公民价值观的影响，坚持“以情动人”“以情育人”“以情化人”，在文学、影视作品中以陶冶的方式实现价值观的“隐性”传递。

三要努力提高教育者自身素质。在学校教育中，教育者自身素质的高低将直接影响受教育者受教育水平的高低，也将影响教育目标的实现。为此，必须注重对教育者的培养与评价水平的建设。一方面，要加大对教育者的培养力度，定期开展培训活动，组织开展实践参观等活动，注重培养教育者的情感、价值观，引导广大教育者树立马克思主义及共产主义信仰，不忘初心，坚定理想信念。另一方面，注意形成对教育者合理的评价机制，对优秀的工作人员给予适当奖励，对不能及时完成培育目标，或者自身思想水平本身存在问题的工作人员给予一定批评与惩罚，以组建优秀的教育工作者队伍。

二、正确认识家庭在社会主义核心价值观培育中的基石作用

一要倡导社会共同的价值标准和行为规范。社会共同的价值标准与行为规范是经历长期社会发展下形成的，对于实现社会发展与公民个体发展无疑具有一定的影响力。随着市场经济的不断深入，我们所倡导的家庭教育，应与社会主义核心价值观相协调，与集体主义思想相链接，只有把公民个体或者家庭融入社会集体之中，才能更好地实现个体的社会价值。

二是提高父母自身的品德修养，通过身教引导子女形成良好的品德。“广大家庭

都要重言传、重身教，教知识、育品德，身体力行、耳濡目染，帮助孩子扣好人生的第一粒扣子，迈好人生的第一个台阶。要在家庭中培育和践行社会主义核心价值观，引导家庭成员特别是下一代热爱党、热爱祖国、热爱人民、热爱中华民族。”①父母的思想道德素质在家庭教育中至关重要，父母是陪伴子女时间最长的亲人，父母的一言一行对子女思想品德的形成，都会产生潜移默化的影响。因此，父母在家庭中，要树立好自身形象，努力打造一个温馨、文明的家庭，促进子女良好性格、道德品质的形成。同时，家庭教育还应重视父母的言传身教。家庭教育与学校教育不同，它不仅需要父母对子女讲道理，更重要的是要把一系列道德规范落实到行动中，以自己的实际行动去引导、教育、感化子女。

三是营造幸福美满的家庭氛围，注重家风建设。家庭环境的影响无疑会对青少年的健康成长产生重要作用，良好的家庭氛围不仅能够为子女的健康成长、全面发展奠定良好基础，而且有利于子女健康人格与思想品德的发展。要努力营造民主、和谐的家庭氛围，尽可能地多鼓励、支持子女喜欢做的事情，努力培养子女的独立自主能力与自信心。同时对于不正确的思想或行为，也应及时制止，保证子女健康向上发展。家庭成员之间要建立恩爱和谐的成员关系，各个成员之间既能相互理解、支持，又能相互信任、尊重。同时也要注意，每个家庭成员之间要形成教育的合力，不能产生相互矛盾、扯皮等现象，尽量“劲往一处使”，以努力培养子女良好的思想品德素养，从而实现全面发展。

三、努力推进学校、家庭、社会教育一体化建设

社会主义核心价值观的培育既要依靠学校，发挥其主导作用，又要协调学校、家庭、社会三个方面，推进三者的一体化建设水平，形成三者的教育合力。

第一，协调发挥学校、家庭、社会的教育功能，保障社会主义核心价值观培育在时空上的一致性。一方面，要充分发挥学校、家庭、社会的各自教育功能，使其

①习近平．习近平谈治国理政：第二卷［M］．北京：外文出版社，2017：355．

各具特色，各显其通；另一方面，也要协调学校、家庭、社会三者的关系，增加三者之间的关联性与相互渗透性。如青少年在学校中受到学校教育，走出学校，将接受社会教育，进入家庭中，又受到家庭教育的影响，所以统筹学校、家庭、社会三者教育功能，使其相互贯通、相互协调，将对提升社会主义核心价值观培育实效性至关重要。为此，要统筹三者之间的时空一体化，使每个公民都能统一在社会、学校和家庭的全方位教育过程中。这就要求学校建立与家庭相互访问、相互联系的机制，定期组织、举办家长会、建设家长学校等，同时，学校也要与社会宣传部门、社会公共文化组织管理机构保持长期的联系，通过开展各种社会实践经历、丰富青少年的业余生活，提高青少年的社会实践能力。

第二，协调学校、社会、家庭教育内容，保证社会主义核心价值观培育在方向上的一致性。要统筹好、协调好学校、社会、家庭教育的内容，坚持社会主义、集体主义原则不动摇，坚持以培育和弘扬社会主义核心价值观为目标，合理统筹具体培育内容，保证社会发展所需的人力资源支持。

第三，充分发挥学校、社会、家庭教育的各自优势，实现社会主义核心价值观培育的整体互补性。在社会主义核心价值观培育进程中，学校、社会和家庭教育三者都扮演着重要角色，三者缺一不可，要在教育过程中，充分发挥各自的优势。例如，在家庭教育中，充分发挥父母对子女的潜移默化影响，培养子女健全的人格，以及良好的性格，为社会主义核心价值观培育奠定良好的感情基础；学校是社会主义核心价值观培育的主要场所，对社会主义核心价值观培育内容、培育目标、效果的实现都发挥着不可替代的作用，为公民个体素质与能力水平的提高奠定坚实基础；在社会教育中，社会整体环境氛围的营造，以及社会整体倡导的价值观，都会对公民个体产生一定的积极作用，利于公民个体的实践能力发展，从而推动公民个体的全面发展。三者之间要实现充分协调，在发挥各自优势的前提下，实现优势互补。

第五章　新时代社会主义核心价值观培育制度化的哲学阐释

厘清社会主义核心价值观培育的马克思主义唯物史观及其价值论的科学蕴含，对新时代提升主流价值观教育实效性具有重要的意义。社会主义核心价值观教育不是简单的群体社会性活动，而是在人们实践交往过程中对社会核心价值制度规范体系的整体协调与享用。制度作为社会主义核心价值观教育的承载手段及实践方式，对形塑个体对社会主义核心价值观的理性认同、凝聚价值共识具有重要的意义。马克思主义唯物史观将“现实的个人”作为逻辑出发点，确立人的解放和发展的现实目标，对指导社会主义核心价值观教育及塑造人的精神世界提供科学的世界观和方法论。新时代要立足中国特色社会主义伟大实践，积极回应人的美好生活精神向往，在社会主义核心价值观教育与制度功能实现上找寻契合点，以真正发挥社会主义核心价值观在激励人心、夯实理想、协调整合、凝聚共识的巨大能量。

第一节　新时代社会主义核心价值观教育制度化唯物史观的科学蕴含

人的生存，由一系列的现实条件的事实组成，同时伴随着人所追求的价值与意义，人从生存转向生活的过程，是人追求意义的过程，意义是人的生命中的特质。现实生活的事实构成，包括一系列的现实人、事物、事件，以及各式各样的复杂联系；而人在生活中所追求的意义，则表现为人对现实生活的态度、情感、意志、取向等更为深刻、根本的精神活动。生活的事实与生活的意义是相互关联、不可分割的，生活的意义不是来自某种理性秩序的表达，也不停留于某本书之中，它不是抽象的、晦涩难懂的文字符号，而是实践的，是价值主体在实践生活中，主体同客体交互作用实践过程中筛沥出的真知，它承载于现实生活的客观事实之中。作为一切存在物中唯一可以自己作自己现实存在理由的存在物，以自己思想意志的价值理想为彼在指导现实此在的存在物，人的现实存在就直接表现为对意义与价值的理性自觉与实践追求，意味着人无法简单地仅通过物质关系衡量人的存在，更无法仅通过物质追求满足人的价值需求，它规定着人不仅在受动而能动的对象化活动中获取身心的幸福，而且应当在心灵的反思与陶冶中满足人对价值追求的幸福状态，成全人之为人的生命意义。

人生活的世界是一种价值世界，价值赋予人实践生存的既成性与超越性、已确定性与未完成性的对立统一，对形塑人的健康成长、良序发展具有重要意义。价值主体的实践活动绝非是简单、单向的交往活动，相应地，人人都在认识世界及改造世界的活动中塑造自身特有的价值存在，同时在人的实践交往活动中表达、传递、证明着自我价值属性的意义。事实上，人的价值活动绝非是一种自由的、个性化的自我意志呈现，而是在全体社会成员普遍意志及其价值追求基础上的制度规范遵循。一个社会的正式制度规范，抑或非正式制度规范，都应是价值主体参与实践活动及提升自身素质的基本价值规范，人价值尺度的彰显以社会基本制度规范为依据，不断实现自身价值观同社会主义核心价值观的趋同化、一致化，相应地，社会主义核心价值观教育也应在人实践活动需求及社会发展的现实条件下积极探索制度化的有效路径，为社会成员的全面发展提供良善的制度保障。

社会主义核心价值观教育制度化是“现实的个人”实践交往的必然产物，是社会存在在社会意识层面的客观反映。价值观是人在现实实践中形成的关于价值问题的总的看法和根本观点，其内蕴人们实践交往的是非善恶、黑白曲直的价值评判及价值选择，体现着个体实然状态下的人格选择及应然状态下的理想夙愿。价值观与制度规范，分别属于观念上层建筑和政治上层建筑，二者共同构筑起“现实的个人”

自我内在规范与群体、社会外在监督的制度理性来源。“发展着自己的物质生产和物质交往的人们，在改变自己的这个现实的同时也改变着自己的思维和思维的产物。不是意识决定生活，而是生活决定意识。”① 社会主义核心价值观教育制度化是社会成员守护共有精神家园，维护普遍意志作用下价值规范、价值取向、价值理想的现实选择。人人都将在社会主义核心价值观及制度规范指导下交往、实践，受到现实社会存在的引导、规范、评价，也注定在社会主义价值观教育制度化的过程中坚定自我价值选择及完成人格塑造的社会化发展。“人是一个特殊的个体，并且正是他的特殊性使他成为一个个体，成为一个现实的、单个的社会存在物，同样，他也是总体，观念的总体，被思考和被感知的社会的自为的主体存在，正如他在现实中既作为对社会存在的直观和现实享受而存在，又作为人的生命表现的总体而存在一样。”② 人在社会主义核心价值观教育制度化的选择、规范、指导、塑造过程中折射出最真实的自我价值实现。社会意识对社会存在的反映不但是受动的、被动的，相反而是富有能动性、主动性的，在指引人们改造社会现实及人格塑造等方面具有重要的意义。良善的价值追求，不仅能够真实反映社会制度存在及其人的交往关系，更能从现实社会发展本质意义上印刻社会发展趋势及人的应然精神风貌。这就是说，人的实践交往活动将同现实价值观教育制度安排相同步，使人时刻处于社会主义核心价值观教育活动过程中，但人也将在真实的教育实践中以更加自觉、自信的理想追求赋予社会主义核心价值观教育制度的现代化追求，满足不断生成、发展的“现实的个人”的社会主义核心价值观教育制度条件。

制度历来是促进社会发展和保障人的成长进步的重要因素之一，制度凭借相对稳定且较为完善的机体结构，反映、呈现、印刻社会核心价值追求，对维护全体社会成员的普遍价值意志及个体自我价值的实现具有重要意义。从马克思唯物史观的

①马克思，恩格斯．马克思恩格斯文集：1843—1848 年［M］．中共中央马克思恩格斯列宁斯大林著作编译局，译．北京：人民出版社，2009：525．

②马克思，恩格斯．马克思恩格斯全集：第三卷［M］．中共中央马克思恩格斯列宁斯大林著作编译局，译．北京：人民出版社，2002：302．

视域出发，“制度……作为人与人、人与社会之间的中介，调整着相互之间的关系，以一种强制性的方式影响着人与社会的发展”①。从个体本位看，制度以权利与义务的形式明确阐释个体交往所诉求的良善价值评价尺度，这不仅保障着全体社会成员的普遍利益及价值追求，更在一定程度上实现个体自由意志与社会普遍交往规范之间的焊接点；从社会本位看，制度是维护社会和谐有秩的重要管理工具，它以强制性的方式保障实现全体社会成员普遍发展同社会公平正义价值追求的有机统一，并且以高效度的社会管理能力助推社会现代化发展；从共时态角度看，制度以系统化、结构化、科学化的有机体为社会成员的生存与发展提供良好的制度环境，使人总是在一定制度规范的作用影响下进行有效的实践交往活动，并且以此传递和阐释着社会核心价值要义，促使社会核心价值追求的应然性同规范人实践交往制度体系的实然性达成耦同；从历时态角度看，制度在规范个体实践交往的同时，更在一定程度上内蕴并呈现着本民族长此以往形成的民族情感、风俗习惯、制度文化等，能否将传统优秀价值观念、制度文化，传承、创新性的表达在当代社会交往的现实环境中，往往成为衡量一个社会制度文明的重要指标。制度是人实践交往的产物，人创造制度，同时又在制度的规范与协调过程中规约到人的实践活动中，以此保障每一个人的现实利益需求，并彰显社会主义核心价值观的正义性价值取向、价值理想。正是制度规范调控的现实性同其所内蕴核心价值要义的应然性的共同作用下，人的制度规约活动逐步表现为衡量社会制度文明进步程度的要素，使社会发展在制度文明框架下更进一步阐释出社会核心价值要义的理想追求。同时，人实践交往所需的制度规范更进一步以社会主义核心价值观教育制度化的形式推动社会制度文明的进步发展。从人类社会发展进程来看，制度安排在本质上呈现出随人实践活动交往而不断发生实践化、生活化的嬗变过程，相应地，在人的社会化活动中表现出个体行为活动的制度化特征。

从人类历史发展进程看，每一时代有每一时代的核心价值追求，社会核心价值

①辛鸣. 制度论：关于制度哲学的理论建构［M］. 北京：人民出版社，2005：51.

观教育制度化是一定社会存在在社会意识中的集中反映，是现实的个人从事生活实践交往过程中现实交往关系在社会价值观层面的映射。“物质生活的生产方式制约着整个社会生活、政治生活和精神生活的过程。不是人们的意识决定人们的存在，相反，是人们的社会存在决定人们的意识。”① 人们物质生活的生产方式及其现实交往进一步衍生出该时代下普遍的社会共有价值观念，而处于维护该时代下社会秩序及其社会成员共有利益现实逻辑基础上，统治阶级则进一步将其概括为社会核心价值观，并以制度规范的形式同人们实践交往相衔接，实现社会核心价值观同社会生活制度规范的内嬗式发展。制度保障社会核心价值观的有效执行，社会核心价值观则为制度规范提供价值导向，维护制度正义及制度权威。社会生产力发展带动社会形态变革的同时，也进一步将社会制度形式，特别是社会核心价值观教育制度体系进行更迭、优化、完善，以适应社会现实存在发展关系下每一个体的实践需求及社会发展的制度安排，从而达成社会核心价值观教育制度化的逻辑走向。

所谓制度化，一方面可释义为制度所承载观念、意义的系统更迭，即制度的变迁过程；另一方面指群体和组织的社会生活从特殊的、不固定的方式向被普遍认可的、固定化、规范化模式转化过程，即社会生活规范化、有序化的变迁过程。价值观是制度化的价值目标和导向，为制度化提供义理性辩护，制度化的社会现实则为价值观的培育与弘扬提供现实载体和工具手段。社会主义价值观教育制度化旨在将社会主义核心价值观融入具体的社会制度规范中，将社会核心价值要义（如价值理想、价值取向、价值规范、价值评价等）形塑为社会成员参与价值观教育活动过程中的制度安排，将社会抽象性的核心价值追求外化到具象的制度安排、制度结构中，形成全社会统一的以社会核心价值追求为价值引领的核心价值观教育制度体系及制度环境。社会主义核心价值观教育制度化意味着要在社会主义核心价值观教育与制度规范相融通的过程中规范人们的实践交往，以制度、规则、规范的形式，明确实践活动参与者肩负的责任、义务与权利关系。社会主义核心价值观教育制度化不是

①马克思，恩格斯．马克思恩格斯选集：第二卷［M］．中共中央马克思恩格斯列宁斯大林著作编译局，译．北京：人民出版社，2012：2.

对价值观教育活动的固定化、模式化，而是与现实交往实践相适应的制度形塑、完善、优化过程。

马克思主义唯物史观从“现实的个人”出发，深刻阐释现实个人交往实践的社会存在与社会意识的辩证统一关系，旨在打造实现人的全面发展的现实物质条件及精神文化基础。人不是离群索居的、抽象化的“原子化自我”，而是随实践交往不断实现社会化发展的“现实的个人”。“人的本质不是单个人所固有的抽象物，在其现实性上，它是一切社会关系的总和。”① 马克思主义价值哲学从唯物史观的意义出发，对“现实的个人”交往自由与实践秩序、自我约束与社会规范、实然真实性与应然合理性等方面作系统阐述，对理解、把握社会主义核心价值观教育制度化的探索具有重要意义。从马克思主义价值哲学的实践品格来看，制度规范体系构成人们价值观教育活动的首要前提，价值观教育制度规范的合理性与正义性追求，呈现出制度安排、制度结构随社会主义核心价值观教育相适应、配合、趋同的过程，是社会主义核心价值观教育制度化的过程。

社会主义核心价值观教育不是单向度的个体式活动，而是每一现实个体多维性的群体式活动过程，是在人们实践交往过程中对价值评价制度规范体系的整体协调与享用。每个人都将在一定社会发展阶段的实践交往活动中或隐或显地反映并实践着社会核心价值追求，这不仅是民族血脉传承所形成的文化习俗、群体习惯，更是当前发展进程中社会存在、社会意识层面的价值呈现，在此过程中，社会主义核心价值观教育制度规范不过是保障每一个体价值需求、正当权益，以及维护社会和谐稳定的历史发展进程中的现实产物。制度，“是一个社会的博弈规则，或者更规范地说，它们是一些人为设计的、型塑人们互动关系的约束”②，以系统、合理性的规范性存在构成“现实的个人”实践交往的行动纲约。人的价值判断、价值选择及价值评价是在制度安排前提下的理性思维活动，也只有在价值实践活动中制度才可发挥

①马克思，恩格斯. 马克思恩格斯选集：第一卷［M］. 中共中央马克思恩格斯列宁斯大林著作编译局，译. 北京：人民出版社，2012：139.

②道格拉斯·诺斯. 制度、制度变迁与经济绩效［M］. 杭行，译. 上海：格致出版社，2008：3.

其规范意义。社会主义核心价值观教育制度始终都是一种生成中的主、客体作用关系模式，“是个人之间迄今所存在的交往的产物”①。社会主义核心价值观教育制度规范意义的发挥，要反映社会主义核心价值规范同制度的关系存在，遵从制度规范生成的内在衍生与人为设计规律，形塑人们互动交往过程中规范化、体系化的制度安排、制度环境，在具体的社会主义核心价值观教育情境与实践活动中，不断利用价值观教育制度规范的证成性与合法性，在主体参与、践行、维护社会主义核心价值观教育制度规范的活动中表现出主体价值自觉性与能动性。

社会主义核心价值观教育制度化在人实践交往的直接现实性上，进一步呈现出价值观教育制度规范随社会现代化探索而不断完善、调整、优化的过程。“现实的个人”是一种未完成的社会存在物，规范人们实践交往的制度体系同样也是一种未完成的社会意识存在。“牢固的核心价值观，都有其固有的根本”②，“一个民族、一个国家的核心价值观必须同这个民族、这个国家的历史文化相契合”③。社会主义核心价值观汲取于中华民族千百年实践探索的价值沉淀，一经形成便不易改变，但是社会制度规范需要在人们实践交往的现实发展中围绕社会核心价值的义理性辩护而进行创新、优化，以此满足人们共同守护、历史承继的精神家园，巩固人们内心理性自觉的价值诉求。社会主义核心价值观教育制度的现实性与正义性要求，反映着制度规范要在社会现代化发展的现实条件及人的生活需要不断发展、进步的前提下，紧紧围绕社会主义核心价值观的价值取向、价值理想、价值规范不断进行创新、完善、协调、优化，只有那些能够满足社会成员价值交往诉求的社会制度才可得到普遍支持和遵守，社会主义核心价值观的凝心聚力功能才能真正得到发挥。

新时代社会主义核心价值观教育制度化要在唯物史观基础上，立足中国特色社会主义发展的现实条件及人民美好生活的价值需求，推动社会主义核心价值观教育

---

①马克思，恩格斯．马克思恩格斯全集：第三卷［M］．中共中央马克思恩格斯列宁斯大林著作编译局，译．北京：人民出版社，1960：79.

②习近平．习近平谈治国理政：第一卷［M］．北京：外文出版社，2018：164.

③习近平．青年要自觉践行社会主义核心价值观：在北京大学师生座谈会上的讲话 2014 年 5 月 4 日［M］．北京：人民出版社，2014：8.

制度设计、制度结构、制度安排的科学化、生活化、实践化发展。新时代中国特色社会主义实践勾勒出作为社会意识存在的核心价值观追求。社会主义核心价值观，对引导个体实践交往的价值选择与价值理想具有重要指导意义，以价值规范的属性彰显现实实践的正义性评价诉求，同时，它也是中华优秀传统文化的价值基因，是在中华儿女千百年实践交往过程中磨炼出的特有价值风貌，承载每个人的美好生活愿景，已成为“百姓日用而不觉”的价值规范特性。无论国家正式制度规范体系，还是乡规民约、民俗传统等非正式制度规范，推动社会主义核心价值观教育评价制度化已成为现实实践及历史传承互动、共联的过程。社会主义核心价值观教育制度化既是新时代社会存在的必然要求，也是满足人民美好生活价值需要的必要条件。新时代我国社会发展应主要围绕人民美好生活需要同社会发展不平衡、不充分之间的矛盾问题而展开，社会主义核心价值观作为保障人民美好生活需求的价值取向、价值理想，以及提升社会制度实效性与权威力的价值规范，理应围绕新时代社会现实发展条件对社会主义核心价值观教育的制度化发展作进一步探索。新时代展现出人民对公正、平等、法治、文明等良善价值的正义追求，对于一些新生社会发展领域、人的生存环境，以及不能满足人民价值需求的旧有制度规范应在社会主义核心价值观的融合与引领的基础上，实现制度安排的人本化、现代化发展，要在不断提升人民物质需求的同时倾注精神需求的供给，营造良好的社会氛围。因此，社会制度安排、制度结构的优化成为新时代社会主义核心价值观教育的充分且必要条件。

新时代社会主义核心价值观教育制度化，是指将社会主义核心价值观作为新时代社会成员交往实践的价值规范尺度及价值理想性追求，达成社会主义核心价值观教育目的、过程、结果的向善性、规范性、正义性追求，以规则、规范、规章、制度等形式将其呈现在国民教育活动中，以此维护新时代社会发展条件下全体社会成员共有的精神家园及交往诉求，最大限度地激发自我内在价值自觉同社会集体价值规范相协调的制度性力量。在此意义上，社会主义核心价值观教育制度化意味着要以激励、引导、约束、规范的形式，将社会主义核心价值观的现实规约性与理想的凝聚性共同作用于现实国民教育承载的实然与应然发展过程中，实现个体与社会的同步正向发展、制度规范与自由理性、社会主流价值观同多元价值形态等在社会主义核心价值观教育过程中的有机统一。具体而言，新时代社会主义核心价值观教育制度化应具有如下三个方面的特征。

其一，社会主义核心价值观教育制度化是制度秩序与人自由发展的统一。制度由人设计、实施，又由人享用。制度规范的内在生成与外在设计都是符合其所固有发展规律的过程，社会主义核心价值教育制度化是存在于人教育、发展内在规律的制度规范探索，制度实施所呈现的行为规范、活动规则、秩序结构等都应是达成人自由而全面发展的保障手段，是人自我发展、提高过程中衍生出的契合人向上、向善发展规律内在的、本真的、制度安排及价值评价尺度。社会主义核心价值观教育制度化，构成每一社会成员共同遵从和享有的价值追求及制度秩序，在维护生产生活的最优效率中保障个体意愿同社会集体评价的理性自觉与交往共情。人的社会交往实践总是为满足个体现实需求而广泛发生、存在的，个体需求的实现也只有在符合社会集体利益基础上才可被获得，也就是说，每一个体需求的满足、实现，都将在社会成员普遍认同的价值理想、价值取向、价值规范基础上创造自我实现的多种可能。社会主义核心价值观教育制度化不仅要体现社会秩序保障个体需求满足的工具性意义，更要呈现为个体对自身价值观规范的确证，特别是强调塑造广大社会成员为自身美好生活期许，全面发展所形成的价值认同、社会共识。社会主义核心价值观教育的活动主体是“人”，而且是“现实中的人”“有意识、有目的的人”，从人自身的生存环境、精神需求、发展可能性等诸多维度考量，社会主义核心价值观教育制度化在一定程度上满足着人生存与发展的需要。

其二，社会主义核心价值观教育制度化是价值观依附制度形态多样性与核心价值普遍规定一致性的统一。社会主义核心价值观源于中华民族五千年的历史传承，从中华儿女共有的生活习惯、文化风貌、人文气息等方面可以看出，中华优秀传统价值追求早已作为一种潜在的制度规约隐匿在人们的交往习惯、生活规范之中，成为国人独有的精神髓质。人的现代化交往应在现实价值观教育制度规范引导、维护下，实现中华优秀历史资源的传承与现代性转化。社会主义核心价值观熔铸于现实个体的真实生活，是人们现实生活中普遍存在的价值理想、价值取向与价值规范，社会主义核心价值观教育制度化应充分利用各项正式制度与非正式制度，实现个体价值观教育的多维场景制度统一，形成全方位的制度规范养成机制。要充分协调社会主义核心价值观培育与各项制度间的呈现、共生，注重正式制度对社会主义核心价值观培育的价值融入、价值追求，将普遍价值理想、价值取向融入各项法律规范之中，以国家意志形塑、规范个体思想与行为，作为国家强制力保障和维护社会主义核心价值观培育的普遍意志、共同精神家园，彰显社会正义；同时也要广泛利用非正式制度的育人、塑人功能，积极开展移风易俗、乡规民约制度建设下的社会主义核心价值观培育工作，将社会主义核心价值追求、价值规范同广大社会成员实践交往中的传统习俗、社会舆论、行为习惯、精神诉求统一起来，形成全方位的价值观教育制度环境。

其三，社会主义核心价值观教育制度化是制度理想性与现实阶段性相统一的动态化过程。社会主义核心价值观教育制度化应是价值理想与制度规范正义性追求的不断作用、生成、螺旋上升的过程，是价值观教育与制度安排的“实然性”与“应然性”的统一。人是在实践活动中不断生成的人，承载协调人实践交往功能的制度也应是随人的生成而不断发展、变化的，呈现出人对价值规范、制度的正义追求。社会主义核心价值观教育制度化的制度理论创新与发展、制度主体责任的明确与落实、制度环境的优化与保障等都是对人们生活实践经验的总结。制度的设计与优化是对现实生活利益格局的优化与完善，是对现实生活、实践交往活动发展过程中的不断规范与协调，同时，制度的完善不仅需要对生活实践进行“自上而下”式的规范调整，也需要广泛社会成员拥有“自下而上”式的制度自觉，即从生活实践中明确自身制度主体责任意识，善于发现制度缺陷或不足，积极推进制度优化，加速制度环境生成。社会主义核心价值观教育制度化是一项长期的实践过程，随社会生产的发展与人民生活需要的提升，将对其不断提出新的、更高的要求。因此，社会主义核心价值观教育制度化不能只满足当前阶段人的发展需要，还要实现理想与现实的统一，要始终围绕促进人的自由而全面发展的价值目标优化制度生成，注重制度创新的科学性与实践性，推进制度化良性发展。“培养社会发展所需要的人，说具体了，就是培养社会发展、知识积累、文化传承、国家存续、制度运行所要求的人。”① 社会主义核心价值观教育制度化是一个长期的累积过程，需要社会各方主体力量的相互配合，其自身具有的复杂性、系统性、长期性、依附性等“品格”，更在价值观教育活动的现实性上规定着价值观教育制度化的实践安排，呈现出主体价值需求及其制度规范共同生成的实践要求。

社会主义核心价值观教育制度化是中国特色社会主义实践发展的必然产物，是新时代中国特色社会主义实践发展所承载的满足人美好生活需求、形塑价值规范、凝聚价值共识的有效手段。社会主义核心价值观作为主流价值观念融入制度安排、秩序结构，对塑造全体社会成员的精神家园具有重要的意义。

第二节　社会主义核心价值观教育制度化的时代价值

社会主义核心价值观教育制度化是在习近平新时代中国特色社会主义思想指导下，引导人们坚定价值理想、凝聚价值共识，奋力实现社会主义现代化强国建设目标，以及在百年未有之大变局的世界交往、激荡环境下保持自信自强、勇毅前行的重要战略安排。新时代社会主义核心价值观教育制度化是满足人民美好生活需要的价值准则与制度手段，是助推社会平衡发展、充分发展现代化追求的价值本真，要在中国特色社会主义实践复杂性和全面建设社会主义现代化国家长期性基础上，“强调意识形态工作是为国家立心、为民族立魂的工作”②，“坚持以社会主义核心价值

①习近平．在北京大学师生座谈会上的讲话：2018 年 5 月 2 日［M］．北京：人民出版社，2018：5.

②中共中央关于党的百年奋斗重大成就和历史经验的决议［M］．北京：人民出版社，2021：44.

观引领文化建设制度”①，确立“马克思主义在意识形态领域指导地位的根本制度”②。

一、社会主义核心价值观教育制度化是新时代提升社会主义核心价值观教育实效性与针对性的现实手段

自上而下式的有序推进是我国社会主义核心价值观教育工作的一个基本特点，这一特点同时显现出政府在社会主义核心价值观教育工作中所发挥的主导意义。在现实生活中，人们社会主义核心价值观教育成效的实践转化及价值自觉的理性共识生成方面，只依靠政府“自上而下”式的宣传、教育显然逐渐不能满足人们不断生成的价值诉求，亟待形成社会主义核心价值观教育活动的制度安排，特别是形成以社会主义核心价值观为价值准则的制度安排及秩序结构。社会由不同阶层构成，在不同社会阶层之间形成的极为复杂且相对稳定的交往关系、秩序结构，就是社会交往关系结构，其在人社会交往存在的现实关系中从总体上阐释各自阶层成员所应承载的维持社会发展所需的权利与义务关系，而且这种权利与义务关系不仅满足社会成员现实利益分配需求，也在总体上规定着人们社会交往所具备的制度规则及现实秩序。从现实来看，协调社会交往关系的权利与义务分配及规范，不仅包含人为设计的制度规则，更包含其自身推衍的内部秩序结构。“对社会研究来说最重要的那些规则类型，是与制度化实践的再生产紧紧交织在一起的，而所谓制度化实践，就是在时空之中最深入地积淀下来的那些实践活动。”③ 这种社会交往所沉淀的制度规范，不仅包含一系列技术性操作要求，而且在其本质规定上内蕴人们长此以往追求的价值理念，即人伦之理。不论当前社会设计实施的制度规范，还是人们长期社会成活沉淀的制度化实践要求，都将作为一种外在的规范性力量构成人现实生活的价

①中共中央关于坚持和完善中国特色社会主义制度 推进国家治理体系和治理能力现代化若干重大问题的决定［M］. 北京：人民出版社，2019：23.

②习近平. 高举中国特色社会主义伟大旗帜 为全面建设社会主义现代化国家而团结奋斗：在中国共产党第二十次全国代表大会上的报告［M］. 北京：人民出版社，2022：43.

③安东尼·吉登斯. 社会的构成：结构化理论大纲［M］. 李康，李猛，译. 北京：生活·读书·新知三联书店，1998：85.

值评价制度，这种价值评价制度将广泛存在于人们的现实生活之中，构成广大社会成员在现实生活实践及其反映在头脑中理性思考的价值评价规范。社会主义核心价值观教育制度化，将在充分反映人们利益需求基础上，将社会主义核心价值观教育作为一种生活实践的制度化引导问题，反映并呈现出制度安排同现实利益诱导的统一性问题。依靠价值观教育制度化实现人们对价值规范的理性追求及其实践表达，使社会主义核心价值观构成全体社会成员维护自身利益及现实全面发展的规范性力量。

二、社会主义核心价值观教育制度化将为新时代社会治理体系及治理能力现代化提供群防群治力量及现实承载手段

新时代社会治理共同体建设是中国特色社会主义社会建设的现代化探索，是提升社会文明、维护社会和谐秩序的现实载体。人民群众是社会历史的真正创造者，要“推动社会治理重心向基层下移，建设共建共治共享的社会治理制度，建设人人有责、人人尽责、人人享有的社会治理共同体”①，需要明确的价值规范及其制度安排，以此构成人参与社会治理实践合理的、合情的、合法的现实手段及治理主体基本价值甄别能力前提。中国特色社会主义治理共同体建设意味着要在党的领导、政府管理、社会协调、群众监督等社会发展体制机制改革过程中实现多元互动，最大限度保障人民权益、维护社会公平正义。在此意义上，人民既在社会治理中扮演着参与者、建设者、实践者角色，又承担着社会治理的监督者、评价者角色，使社会治理的现代化追求始终彰显人民对理想社会的价值正义，即“人民自己实现的人民管理制的发展方向”②。社会主义核心价值观教育制度化，以制度规范的形式明确阐释全体社会成员所认同的是非善恶价值评价尺度及价值追求，在一般意义上刻画出

①中共中央关于党的百年奋斗重大成就和历史经验的决议［M］. 北京：人民出版社，2021：50.

②马克思，恩格斯. 马克思恩格斯全集：第十七卷［M］. 中共中央马克思恩格斯列宁斯大林著作编译局，译. 北京：人民出版社，1963：366.

社会治理现代化的价值理想、价值取向及价值规范，这不仅从价值根本上保障社会治理的实现方向，更以制度规范的力量形塑社会治理参与者的主体逻辑前提。让每个人都能成为社会治理的主体，积极为社会治理过程中的各类问题表达自我观点、陈述自我价值追求，将自己的实践交往能力更好地展现在社会治理建设中来，在人人参与、监督、共享社会治理实现过程中实现自我价值，这不仅是社会治理现代化所需的现实力量基础，也是社会主义核心价值观教育制度化所指向的目标要求。社会主义核心价值观教育制度化以价值一般为社会治理提供价值评判准则及体制机制载体，为社会治理各类问题的解决提供明确的价值正义追求，同时也为社会治理主体参与提供现实规范平台，既保障社会治理呈现出全体社会成员共同的价值意志，也在社会治理进程中维护着社会主义核心价值观教育制度化的现实效力及权威。

三、社会主义核心价值观教育制度化将为人民美好生活精神需求的满足和社会整体素质的提升提供制度保障

社会生产高速发展的同时在一定程度上影响人们在现实生活中的高质量价值追求，竭力满足人民对美好生活的需求不仅是社会生产发展的物质要求，更是新时代社会主义精神文明建设的重要指向。人民对美好生活的精神向往不仅是社会生产的现实结果，而且是“人成为人、实现自我价值、推进人全面发展”良好价值追求的现实回应。人的美好生活精神向往不是一个抽象的概念逻辑，而是新时代现实生活的真实摹写，是全体社会成员在社会生活实践交往过程中展现出的普遍价值追求。美好生活的价值定义来自社会生产、历史传统沉淀、现实个体共有的价值规范尺度，离开广大社会成员所普遍认同的“价值公约数”而独自宣扬自我价值追求，注定成为空中楼阁，徒劳无益。个体美好生活精神需求满足的过程在生活中外显为个体以更优秀的姿态融入社会集体、创造更多社会价值的过程。社会主义核心价值观教育制度化为保障每一社会成员美好生活精神需求的满足提供价值滋养前提和现实制度手段。“好”与“不好”不仅是制度效能评价的尺度，也是呈现社会主义核心价值观正义追求的内在意蕴，制度供给保障着全体社会成员对普遍价值规范的理性共识，

更为人们美好生活的精神追求及美好生活实现所需的良好社会环境、秩序、氛围提供坚实制度根基。社会主义核心价值观为全体社会成员的美好生活精神需求提供普遍的价值理想、价值取向及价值规范，以价值一般为全体社会成员建构起普遍的价值评价的基本维度，既为人们美好生活的精神追求提供价值指引，又帮助人们形成关于美好生活普遍的价值共识，形成统一的关于美好生活的价值评价尺度。

四、社会主义核心价值观教育制度化有助于优化大众心理的主流价值评价倾向及社会舆论引导

人是现实生活中的人，人的生存、发展所需的物质基础及精神文化来源于人所参与、交往、联系的现实生活。同样，人在现实交往的生活中形成广大社会成员普遍的生活习惯及社会性格，并进一步形成或改造着社会成员的价值一般，表现出现实个体实践交往的大众心理倾向性。大众心理倾向性，即在共有现实生活条件下，社会成员所形成具有普遍意义的理性共识与个体实践愿望的主体潜在性价值倾向表达，为人们实践交往提供隐匿性的价值判断、价值选择的心理期望。社会舆论作为社会成员普遍价值愿望对个体观念与行为形成自发性规范力量，将大众心理倾向外显为普遍认同的价值评价与行为规范秩序。社会舆论承载大众心理，在大众心理的形成、优化、嬗变的过程中发挥着一定的作用，社会心理受大众舆论的引导、规范，进一步强化大众所认同的价值评价制度体系。从现实来看，大众心理和社会舆论的引导、规范功能发挥都需要遵从社会现实条件下国家意识形态的价值追求，需要呈现社会主义核心价值观的价值取向、价值评价、价值选择及价值理想。大众心理与社会舆论对社会成员的规范、引导，是对实践主体具体情境下的何者为善、何者为恶的价值赋意，是社会成员自发地融入社会核心价值追求而进行的自我教育、自我规范，价值评价内蕴其中，社会成员通过大众自发性形成的各类非正式价值评价手段，如公序良俗、乡规民约等，而对自身价值判断与价值行为的发生提供潜在的规范与引导意义。社会主义核心价值观教育制度化为规范大众心理的价值导向、引导社会舆论的价值取向提供价值选择、评价的制度保障，也为社会主义核心价值观融

入群众自发形成的生活实践价值规范形成有效链接。积极营造社会成员良善价值追求的社会氛围，规范大众自下而上式的价值评价同主流价值观念的内在契合，需要以制度规范的形式将社会核心价值导引同人们的生活实践相同步，以此提升社会主义核心价值观在人们的生活实践中的正义追求，形成国家“自上而下”式教育引导同群众“自下而上”式舆论监督的有机统一，以价值评价制度规范及秩序结构的形式维护良善价值正义。

五、社会主义核心价值观教育制度化有助于加强我国意识形态建设

随着我国对外开放程度日益加深及社会主义市场经济优化资源配置协调关系日益复杂，人们的生产方式、生活方式、社会网格结构日益多样化，使社会思想文化领域形成多元价值观念。同时，现代互联网技术的愈发成熟，使思想文化的传播更加迅速、便捷，含有大量错误思潮的信息随网络传播到人们生活中，特别是一些打着追求“自由”“个性”旗号、充满利己主义色彩的思想文化广泛渗透在青年人的精神文化生活中，将人性追逐私欲、惰性的一面放大并成为价值推崇，同中华民族自强不息的价值追求相背离，而且同当前社会所倡导的主流价值取向、价值理想相矛盾。这些多元价值形态及错误社会思潮在社会思想文化环境的长期存在，对主流价值观的教育、引导形成一定冲击，更在一定程度上对人塑造公道、正义的价值判断、价值评价产生消极影响。“正确的东西总是在同错误的东西作斗争的过程中发展起来的。真的、善的、美的东西总是在同假的、恶的、丑的东西相比较而存在、相斗争而发展的。”① 面对复杂多样的思想文化环境，必须站稳主阵地，以社会主义核心价值观教育制度化为契机，夯实马克思主义意识形态的领导地位，维护好我们来之不易的精神家园。价值观教育，即教人明善知恶、明荣知耻，良善的价值认知是人们选择正确方向及作出正义行为的首要逻辑前提。新时代，要在多元价值同主流价值

①毛泽东．毛泽东文集：第七卷［M］．北京：人民出版社，1999：230．

形态长期共存的社会现实及社会主义现代化文化强国建设目标指引下，锚定主流价值理想追求，夯实马克思主义意识形态的指导地位，引导人们在生活实践交往过程中树立正确的价值规范逻辑及方式，以制度规范的形式不断优化社会舆论氛围，塑造全社会普遍认同的主流价值评价方向及秩序，打造健康积极的现代精神文明生活。

第三节 新时代社会主义核心价值观教育制度化的路径探寻

制度是保障价值评价实效性、科学性、正义性的基本手段。新时代社会主义核心价值观要成为“百姓日用而不知”的价值自觉与价值理性，将其内化为价值主体生活实践的评价与选择的核心价值趋向，需要进一步将社会主义核心价值观所呈现的价值规范、价值取向与价值理想同人们生活实践所需的制度规范相适应，将社会主流价值评价同现实生活的制度安排、制度结构、制度环境等方面相契合。从现实来看，新时代人们日益展现出对美好生活价值理想的多样性需求，无论从人们美好生活价值理想的核心定位，还是从长此以往形成的本民族特有的价值规范而言，社会主义核心价值观作为新时代全体社会成员的最大价值公约数，将进一步决定社会主义核心价值观教育制度化具有天然的内在逻辑必然性及生活实践合法性。社会主义核心价值观教育制度化旨在将社会主义核心价值观内在规定的价值应然，通过具体明确的制度规范呈现在大众生活情境中，将传承的民族风俗、道德良知、生活习惯，以及当前社会所倡行的价值取向、是非善恶、公共责任等价值规范尺度内化为主体思想与行动的价值理性及价值理想，使其在生活实践中不断融通自我评价与社会监督的辩证统一，提升社会主义核心价值观的价值认同，以更好地保障全体社会成员共有的美好生活价值追求。

第一，要围绕实现人的全面发展及美好生活的价值需要为旨归，形塑社会主义核心价值观教育的制度安排。社会主义核心价值观教育制度化的根本目的在于育人、塑人，实现人的全面发展。人全面发展的实现不仅要靠社会生产力的物质保障，而且要靠社会制度的秩序保障，制度规范、限定和塑造着人们现实实践交往活动及主体利益的满足，而且制度规范内蕴的价值取向及理想追求将对人的价值观教育及其评价具有直接影响。社会主义核心价值观发轫于中华优秀传统价值理想，渗透着中华儿女长此以往的价值规范与交往习惯，体现着当代社会主义社会精神文明建设的内在价值要求，积极推进社会主义核心价值观教育制度化，将其内在的价值追求同人们长期实践交往的社会生活相链接，构成个体成长、发展的理想空间。人的全面发展不只是价值理想的本质要求，更是当代社会根本的价值取向及价值评价尺度，不仅反映着人们实践交往现实的内在规定性，更呈现出现实个体对未来发展的蓝图规划。在此意义上，人的全面发展与美好生活的价值追求赋予个体成长的现实意义是相互统一的，二者基于人的本质需求及社会发展的实践要求共同规定社会主义核心价值观教育制度化的现实制度安排。社会主义核心价值观教育制度化基于现实个体的发展需求，从社会实践交往过程中进一步明确社会成员所肩负的公共责任及价值规范，以明确的制度规范形式将社会主义核心价值观所弘扬的价值要义融入其中，使公众不仅知晓何者为善、何者为恶的价值评价尺度，更要明确主体实践活动结果所具有的价值意义，以具体制度安排的形式将社会主义核心价值观的应然性与实然性通过价值评价的方式内化到个体成长与发展过程中，并进一步揭示个体权利与义务关系的内在规定性。同时，基于社会成员肩负的社会职责及其扮演的伦理角色，进一步明确不同伦理角色因社会属性差别而形成的不同权利与义务关系。从现实来看，社会主义核心价值观教育制度化的制度安排不仅要在伦理道德、法律规范、制度章程、职业规范等权利与义务的理论阐释上下功夫，更要在相应制度安排的现实实践操作及具体行为结果衡量、评价等方面下功夫，真正将社会主义核心价值观的价值评价内化于心，外化于行，实现应然与实然、应付与应得的统一。

第二，在尊重制度内在衍生及人为设计规律基础上，优化社会主义核心价值观教育的制度结构。从作为调整社会关系分配制度结构的本体角度讲，维系社会秩序稳定的制度结构不仅具有引导、形塑、规范个体观念与行为的功能，而且具有自我衍生、优化的功能。制度是人社会交往的必然产物，它在调节社会交往关系及其利益整合方面具有重要的意义。制度的生命力在于实施，脱离人们的现实实践而孤立存在的制度是无意义的，不能在人们社会交往过程中发挥规范与整合功能的制度注定遭到社会实践的淘汰。社会主义核心价值观教育制度化是当代社会实践的产物，但其形成与发展则是中华民族历史传统、人类智慧结晶、社会实践经验总结，以及未来社会美好夙愿的有机结合。社会主义核心价值观教育制度化要在尊重民族传统、人伦规范、公序良俗的基础上，立足新时代中国特色社会主义伟大实践，夯实满足人民美好生活期盼的价值目标，不断推动社会主义价值观教育制度化的优质发展。新时代社会主义核心价值观教育制度化要积极跟进人民现实实践交往需求，在加强相关制度结构顶层设计的同时，强化同人们实践交往的联系，在人们实践交往的具体制度安排反馈过程中不断实现制度结构优化。要积极探索各种有益于人全面发展的价值观教育方式、教育手段，对于能够提升价值观教育实效性的方式、方法，通过适当的制度安排及合法程序实现价值观教育制度化，以此适应人的个体发展同社会整体发展的协调统一。同时，在价值观教育制度实施过程中，要尽力避免传统价值观教育观念的不良影响，如重视价值观教育整体性评价而忽视教育过程的阶段性评价等，要将社会主义核心价值观始终作为价值评价目标、过程及其结果的价值尺度、价值追求融入价值观教育的制度化过程中，既要实现社会主义核心价值观作为社会核心价值评价尺度融入各项制度规范中，也要积极推动相关制度规范在人们价值观教育的实践发展过程中的优化、升级。

第三，在社会主义核心价值观教育制度化的发生与实践过程中，提升大众对社会主义核心价值观的理性认同，维护社会核心价值评价制度权威。制度权威一方面来自制度自身的正义性追求，即制度在维护社会秩序、调节现实利益分配等工具性方面所呈现的公正、平等的价值取向；另一方面来自制度规范适用于社会成员的普遍性、有效性，制度在引导、形塑、规范、评价个体行为方面的有效性建立在全体社会成员对制度的普遍认同、普遍遵从基础上，在提升人们对制度规范认同的同时，也将进一步发挥制度的育人、塑人功能，实现二者的互动统一。制度权威性的实现需要在人们实践交往中进行检验，只有那些真正在现实生活交往中发挥规范、调节作用的制度才具有真正的权威性。“衡量一个社会制度是否科学、是否先进，主要看是否符合国情、是否有效管用、是否得到人民拥护。”① 社会主义核心价值观教育制度化，以社会主义核心价值观作为价值引领、规范内容，不仅内蕴现实生活实践中最为普遍的价值规范、价值取向，而且彰显着本民族长此以往的价值评价意旨及生活习惯，在形成具有普遍性且能够长期指导人们生活价值规范的制度体系方面塑造坚实基础。从制度规范的组织结构来看，无论是具有明确规范属性、普遍约束力、有秩评价程序的正式评价制度，还是作为规范个体生活习惯，主要依靠社会舆论、伦理规范等柔性制度规范的非正式评价制度，都应在人们的价值生活中得到有效执行，形成较为完善且科学的社会主义核心价值观教育制度体系，广泛融入群众生活，形成社会主义核心价值观教育引导的制度环境，实现从正式评价主体的价值评价到社会舆论等非正式评价的价值同一。要在加强社会主义核心价值观教育制度化顶层设计的同时，充分协调正式评价制度与非正式评价制度的有效配合，充分利用法律法规、职业规范、道德舆论、大众评价等多元评价方式对不同生活实践场景进行有效引导与形塑，广泛调动大众参与社会主义核心价值观教育过程中，在具体生活实践教育过程中推动社会主义价值观教育制度化的人性化、现代化发展。

第四，积极建立社会主义核心价值观教育制度化的社会氛围，在社会监督与自我评价的相互协同过程中提升公众的社会核心价值规范的制度理性。社会主义核心价值观教育制度化是社会主义核心价值观教育工具与手段的探索，维系社会主义核心价值观教育制度化的实践过程不仅需要制度的现代化发展及其内部系统建设，更需要全社会力量的普遍关注与支持。社会主义核心价值观教育制度化是社会发展的直接产物，社会主义核心价值观教育制度化的生成与发展，以及人们在实践交往过程中的制度认同、制度优化都将在现实社会的交往实践中进一步加深、优化、蝶变。同样，社会主义核心价值观教育制度化也为社会环境的净化、社会成员素质的提升发挥价值引导、规范功能。从现实来看，社会核心价值教育及其制度规范的存在相

①中共中央宣传部，中央全面依法治国委员会办公室. 习近平法治思想学习纲要［M］. 北京：人民出版社，2021：39.

对于个体而言是一种先在性存在，即“现实的个人”自出生后就生活在一个相对完备的制度环境下，需要自我不断学习、实践，实现同社会群体价值规范及其制度体系的同化，但是价值观教育制度体系的存在并非石化般固定的存在，而是随人的现实实践活动条件的变化，以及人美好生活愿望达成所需的价值评价、制度规范环境等因素不断发展、优化。要在全社会形成自觉学习践行社会主义核心价值观之风，将社会所推崇的价值规范、价值取向、价值理想深深熔铸到自身价值观教育生活过程中，以此为价值评价“主线”“红线”指引未来的美好生活。与此同时，要广泛形成自我评价同社会监督的理性认知及情感共鸣，打造人人践行社会主义核心价值观的社会环境，人人成为社会主义核心价值观培育的推崇者、践行者、维护者、享有者。新时代社会主义核心价值观教育制度化同人民群众的现实生活息息相关，以价值引导、选择、评价为切入点，进一步提升大众认知，要进一步将个体价值同社会价值有机结合起来，充分调动起大众参与社会主义核心价值观教育制度化的主体性与积极性，推动社会领域各项制度规范始终同社会主义核心价值观的价值旨归相一致，维护好人民美好生活价值实现的现实制度环境，塑造好社会主义核心价值观教育制度化的制度理性，真正做到知行合一。

结束语

人作为国民教育活动的中心，无论是处于民族群体关联之中，还是作为国家公民、社会成员，教育在培养个体整体素质中都发挥着关键作用。教育的目标在于培养健全人格、培养自由而全面发展的社会成员，同时教育是民族与国家政体权力制约之下的教育，它必然带有本民族的价值特色，带有本国意识形态倾向性特征。正如杜威所言，人类的一切教育活动都是通过个体参与人类的社会意识和社会规则而进行的。社会核心价值观教育不仅通过制度、规则的形式组织和实施，而且国家所倡导的社会核心价值观将被越来越多地纳入社会的法律、道德、制度、规则之中，以规范性制度体系的形式引导公民个体形成正确的价值规范、价值原则与价值理想。

价值观与制度作为人类社会交往活动所特有的精神存在，是文化的重要组成部分。在一定的社会文化体系构成中，虽然价值观与制度分属不同的文化范畴或文化层级，但二者之间绝不是相互分离、天地悬隔的，而是存在着一种或明或潜、或隐或现的双向互动关系。价值观作为社会意识系统的有机组成部分，是一个国家、民族生生不息的精神脊梁与灵魂所在，是深入人心的价值规范、理想信念、道德法则，更是决定文化性质与社会发展方向的最深层要素。制度作为社会成员在现实生活中所共同遵守的规章、准则和程序，明确规定着何者为善、何者为恶、何者为利、何者为义的价值导向，在国家根本制度中深刻地内蕴一个民族、国家所倡导的价值观，即社会核心价值观，其运行程序彰显着本民族、国家的价值秩序及价值理想。一个国家的制度，包括政策、法律法规、道德规范、伦理风俗等，往往是相应统治阶段思想、意识、观念、理想等的“塑形”与“外化”，体现了一个国家占统治地位的价值理想、价值取向和价值规范，而这样的制度一旦得以确立、运行，又会反过来与一个国家的价值信仰、价值理想和具体的价值目标相互影响、相互作用，无形而有效地调节和规范着人们的社会生活，使社会和谐有序。价值观与制度间存在的本质属性，为核心价值教育同制度规范相融合、相同步提供了必然的、合法的、稳定的内在逻辑关联。

首先，社会的制度是这个社会的基本结构，正是这个基本结构规定了这个社会成员的基本关系，规定了这个社会各种社会要素的相互关系，以及其他具体层面上的各种具体规则、规范。从制度的本体论理解，其所揭示的是制度的客观性。这种客观性并不是简单地指相对于主观性意义上的实有，更不是指被创制意义上的实有的法律、规章等制度，而是指制度本身就是人的现实存在关系及其结构。这就如同在一般抽象意义上讲人的客观性一样，正是这种作为现实的个人的社会关系的客观性，使人得以成为现实存在不可或缺的前提。作为“现实的个人”，不能没有作为人的关系，而关系本身即有结构的系统。这个使人能够作为现实人存在着的人的关系及其结构，就是制度。作为人的关系及其结构的制度自身又是存在着的。这个存在着的制度尽管与人同义，无所不在，涵盖、周延至人自身，但根据其存在样式与形态大致可以分为两类，即我们通常用伦理道德与法律规范概念所指称的那两类：非正式制度与正式制度。伦理道德是关于人的生活方式与生活态度合理性的稳定的共享性社会精神。这种社会精神在世代社会生活中通过反思形成，它潜藏于人们的内心深处，流化为日常生活习惯，固化为日常生活行为规范，并成为人们存在意义与行为选择的价值根据。伦理道德、风俗习惯作为日常生活的行为规范，并不是纯粹主观的东西，它有其客观内容，正是这种客观内容从根本上揭示了伦理道德、风俗习惯规范性、合理性的根据。而社会交往结构正是伦理道德、风俗习惯客观内容中的核心成分。当这种自觉意识与表达通过特定程序明确规定时，则是通常所说的正式制度的正式表达方式。

社会核心价值观是一个社会制度结构体系的价值导向，是一个社会制度结构内蕴的价值规范与价值取向，它以一种核心价值观的形式将社会制度结构中的正式制度与非正式制度达成目标一致、优势互补的存在样态。从马克思主义唯物史观的学理逻辑看，社会核心价值观的塑造及其相关伦理道德、规章、制度、法律等制度规范的形成，是人们社会生活实践发展的客观规律性与人创造历史的主观能动性的统一，是合规律的科学原则与合目的的价值原则的辩证统一。人类社会历史发生、存在和延续的物质基础，既不是纯粹天然的与人的实践活动无涉的物理世界的物，也不是什么超人间的神来之物，它们是物质生产方式及其实践和产出之物，表现为人们用什么劳动资料生产，以及生产什么和形成怎样的生产关系、经济关系、社会关系等。正是这样一种人与自然的物质变换关系和人与人的经济交往关系的实践性统一，决定着社会的性质、状态和历史发展，有什么样的社会交往实践便会形成什么样的社会交往关系。其中，每一代人无可选择地要利用前人留下来的生产力、生产环境及其他经济条件来进行新的生产，这是人们进行历史创造的现实前提，是发挥主观能动性的历史基础，它从根本上构成社会发展的自然历史过程。与此同时，物质生产的主体是广大劳动人民，物质生产对整个社会生活的基础性和规定性，必然地佐证了历史的进步需要合乎潮流、顺乎民心，必须充分保障和有效发挥人民群众的利益、才智、意志和历史主动性。

社会主义核心价值观培育与道德治理目标实现，不只停留于理论教育及情感养成，在其本质要求上它们更是一项实践养成的社会活动。社会主义核心价值观培育作为社会主义精神文明建设工作的重要一环，鲜活地体现在社会主义建设的伟大事业中，其理论创新和践履笃行都更为明确地要求我们，在知行合一的基础上，坚持社会认知真理性与社会实践价值性的内在统一。我们必须把中国特色社会主义道路的合法性置入社会历史进步的总趋势和人类文明大道的总路向中，进行时代性的审视，揭示并坚信社会主义事业的历史必然性，按照社会发展的客观规律及其文明进程来推进社会主义建设。另外，要把社会主义建设的必然性要求，把马克思主义中国化创新中所揭示的这些规律性的科学真理，转化为广大人民的理性自觉，成为统驭各种价值诉求的客观根据和思想指南，使人民的思想旨归与实践目的汇入社会发展的总规律标示的道路上来。由此，使社会生活的规律性要求在指引人民的价值选择和转化为社会主义建设的行为中，成为一种应然的内在要求，完成必然向应然的自为性转化，从而提升社会实践的成功率和价值目标在合规律性方面的合理性、进步性，更有效地形成推动社会主义事业健康发展的历史合力。

新时代道德领域出现的突出问题，如经济发展、产品质量、婚姻家庭、民生保障、生态环境保护、公共卫生服务、创新创业、社会诚信等方面反映出的突出问题、发展短板，需要进一步深化社会主义核心价值观培育与践行，使社会主义核心价值观真正成为贯穿整个社会生活的原则或规范。新时代道德领域突出问题解决的关键，是对社会主义核心价值观一些重要内容如“爱国、敬业、诚信、友善、自由、公正、平等、法治、民主、文明、和谐”等价值要义的真正理解与认同。一方面，接受这些价值的本真含义，使这些价值在理论逻辑上与中国特色社会主义理论相吻合，成为中国特色社会主义理论的重要组成部分。另一方面，以相应的制度与社会主义核心价值观建设相配套，将“爱国、敬业、诚信、友善、自由、公正、平等、法治、民主、文明、和谐”等价值要义直接体现在制度安排、政策制定与执行、伦理道德规范之中，以这些价值为导向进行制度方面的完善、优化和改革。例如，通过政治体制改革推进民主和法治化建设，通过对国家行政制度、决策制度、司法制度、预算制度、监督制度的改革，规范社会权力运行和维护公共秩序的制度和程序，建立与社会经济发展、政治发展、文化发展、社会管理体制机制、生态文明建设等要求相适应的现代治理体制，实现政府与公民对社会政治事务的协同治理，切实保障个人权利的实现和能力的发挥，保障人民当家作主。新时代要加大力气解决人民日益增长的美好生活需要和不平衡不充分的发展之间的矛盾，并将其与实现人的发展有机地结合起来，通过解决不平衡不充分发展问题满足人民日益增长的美好生活需要，在满足人民日益增长的美好生活需要的基础上，逐步实现体现社会主义本质要求、与当代中国国情相适应的人的发展。

社会主义核心价值观培育与道德治理是党在领导全国各族人民奋力实现第二个百年奋斗目标征程上实施的重要活动，要在充分明确社会主义核心价值观培育同道德治理建设发展要求的时代任务、实施方略、制度建设等方面具体内容基础上，将其充分融入新时代社会主义道德建设的各项工作中，抓住社会主义核心价值观培育在育人、塑人方面的关键作用，广泛提升公民个体思想道德修养、文明品质，不断塑造培育良好公民品格的社会氛围、制度规范、体制机制，以人的素质提升带动整个社会文明程度提升。与此同时，要充分利用制度规范、道德舆论、风俗习惯等规范性力量，通过完善人们实践交往的制度结构与组织力量，不断强化和塑造人人向善、向美的道德意志、行为习惯。

参考文献

[1] 马克思，恩格斯. 马克思恩格斯选集：第一卷 [M]. 中共中央马克思恩格斯列宁斯大林著作编译局，译. 北京：人民出版社，1995.

[2] 马克思，恩格斯. 马克思恩格斯选集：第二卷 [M]. 中共中央马克思恩格斯列宁斯大林著作编译局，译. 北京：人民出版社，1972.

[3] 马克思，恩格斯. 马克思恩格斯选集：第三卷 [M]. 中共中央马克思恩格斯列宁斯大林著作编译局，译. 北京：人民出版社，1972.

[4] 马克思，恩格斯. 马克思恩格斯选集：第四卷 [M]. 中共中央马克思恩格斯列宁斯大林著作编译局，译. 北京：人民出版社，1972.

[5] 马克思，恩格斯. 马克思恩格斯文集：1843—1848 年 [M]. 中共中央马克思恩格斯列宁斯大林著作编译局，译. 北京：人民出版社，2009.

[6] 马克思，恩格斯. 马克思恩格斯文集：1848—1859 年 [M]. 中共中央马克思恩格斯列宁斯大林著作编译局，译. 北京：人民出版社，2009.

[7] 马克思，恩格斯. 马克思恩格斯文集：1864—1883 年 [M]. 中共中央马克思恩格斯列宁斯大林著作编译局，译. 北京：人民出版社，2009.

[8] 马克思，恩格斯. 马克思恩格斯文集：1884—1895 年 [M]. 中共中央马克思恩格斯列宁斯大林著作编译局，译. 北京：人民出版社，2009.

[9] 马克思，恩格斯. 马克思恩格斯文集：资本论（第一卷）[M]. 中共中央马克思恩格斯列宁斯大林著作编译局，译. 北京：人民出版社，2009.

[10] 马克思，恩格斯. 马克思恩格斯文集：资本论（第二卷）[M]. 中共中央马克思恩格斯列宁斯大林著作编译局，译. 北京：人民出版社，2009.

[11] 马克思，恩格斯. 马克思恩格斯文集：资本论（第三卷）[M]. 中共中央马克思恩格斯列宁斯大林著作编译局，译. 北京：人民出版社，2009.

[12] 马克思，恩格斯. 马克思恩格斯文集：资本论手稿选编 [M]. 中共中央马克思恩格斯列宁斯大林著作编译局，译. 北京：人民出版社，2009.

[13] 马克思，恩格斯. 马克思恩格斯文集：反杜林论 自然辩证法 [M]. 中共中央马克思恩格斯列宁斯大林著作编译局，译. 北京：人民出版社，2009.

[14] 马克思，恩格斯. 马克思恩格斯文集：书信选编 [M]. 中共中央马克思恩格斯列宁斯大林著作编译局，译. 北京：人民出版社，2009.

[15] 马克思，恩格斯. 马克思恩格斯全集：第一卷 [M]. 中共中央马克思恩格斯列宁斯大林著作编译局，译. 北京：人民出版社，1956.

[16] 马克思，恩格斯. 马克思恩格斯全集：第三卷 [M]. 中共中央马克思恩格斯列宁斯大林著作编译局，译. 北京：人民出版社，2002.

[17] 马克思，恩格斯. 马克思恩格斯全集：第十九卷 [M]. 中共中央马克思恩格斯列宁斯大林著作编译局，译. 北京：人民出版社，1963.

[18] 马克思，恩格斯. 马克思恩格斯全集：第三十卷 [M]. 中共中央马克思恩格斯列宁斯大林著作编译局，译. 北京：人民出版社，1995.

[19] 马克思，恩格斯. 马克思恩格斯全集：第三十一卷 [M]. 中共中央马克思恩格斯列宁斯大林著作编译局，译. 北京：人民出版社，1998.

[20] 马克思，恩格斯. 马克思恩格斯全集：第四十六卷 [M]. 中共中央马克思恩格斯列宁斯大林著作编译局，译. 北京：人民出版社，2003.

[21] 马克思，恩格斯. 马克思恩格斯全集：第四十七卷 [M]. 中共中央马克思恩格斯列宁斯大林著作编译局，译. 北京：人民出版社，2004.

[21] 马克思. 马克思恩格斯全集：第四十七卷 [M]. 中共中央马克思恩格斯列宁斯大林著作编译局，译. 北京：人民出版社，2004.

[22] 列宁. 列宁选集：第一卷 [M]. 中共中央马克思恩格斯列宁斯大林著作编译局，译. 北京：人民出版社，1972.

[23] 列宁. 列宁选集：第二卷［M］. 中共中央马克思恩格斯列宁斯大林著作编译局，译. 北京：人民出版社，1972.

[24] 列宁. 列宁选集：第三卷［M］. 中共中央马克思恩格斯列宁斯大林著作编译局，译. 北京：人民出版社，1972.

[25] 列宁. 列宁选集：第四卷［M］. 中共中央马克思恩格斯列宁斯大林著作编译局，译. 北京：人民出版社，1972.

[26] 毛泽东. 毛泽东选集：第一卷［M］. 北京：人民出版社，2012.

[27] 毛泽东. 毛泽东选集：第二卷［M］. 北京：人民出版社，2012.

[28] 毛泽东. 毛泽东选集：第三卷［M］. 北京：人民出版社，2012.

[29] 毛泽东. 毛泽东选集：第四卷［M］. 北京：人民出版社，2012.

[30] 习近平. 习近平谈治国理政：第一卷［M］. 北京：外文出版社有限责任公司，2018.

[31] 习近平. 习近平谈治国理政：第二卷［M］. 北京：外文出版社有限责任公司，2018.

[32] 习近平. 习近平谈治国理政：第三卷［M］. 北京：外文出版社有限责任公司，2021.

[33] 习近平. 习近平谈治国理政：第四卷［M］. 北京：外文出版社有限责任公司，2022.

[34] 习近平. 决胜全面建成小康社会 夺取新时代中国特色社会主义伟大胜利 ：在中国共产党第十九次全国代表大会上的报告［M］. 北京：人民出版社，2017.

[35] 中共中央关于坚持和完善中国特色社会主义制度 推进国家治理体系和治理能力现代化若干重大问题的决定［M］. 北京：人民出版社，2019.

[36] 中共中央关于制定国民经济和社会发展第十四个五年规划和二〇三五年远景目标的建议［M］. 北京：人民出版社，2020.

[37] 中共中央关于党的百年奋斗重大成就和历史经验的决议［M］. 北京：人民出版社，2021.

[38] 习近平. 高举中国特色社会主义伟大旗帜 为全面建设社会主义现代化国家而团结奋斗：在中国共产党第二十次全国代表大会上的报告 [M]. 北京：人民出版社，2022.

[39] 中共中央文献研究室. 习近平关于社会主义文化建设论述摘编 [M]. 北京：中央文献出版社，2017.

[40] 中共中央宣传部. 习近平新时代中国特色社会主义思想三十讲 [M]. 北京：学习出版社，2018.

[41] 关于培育和践行社会主义核心价值观的意见 [M]. 北京：人民出版社，2013.

[42] 法治社会建设实施纲要：2020—2025 年 [M]. 北京：人民出版社，2020.

[43] 习近平. 在文化传承发展座谈会上的讲话 [M]. 北京：人民出版社，2023.

[44] 中共中央党史和文献研究院. 习近平关于社会主义精神文明建设论述摘编 [M]. 北京：中央文献出版社，2022.

[45] 习近平. 在庆祝中国共产党成立 100 周年大会上的讲话 [M]. 北京：人民出版社，2021.

[46] 中共中央党史和文献研究院. 习近平关于注重家庭家教家风建设论述摘编 [M]. 北京：中央文献出版社，2021.

[47] 习近平. 论党的宣传思想工作 [M]. 北京：中央文献出版社，2020.

[48] 习近平. 思政课是落实立德树人根本任务的关键课程：2019 年 3 月 18 日 [M]. 北京：人民出版社，2020.

[50] 新时代公民道德建设实施纲要 [M]. 北京：人民出版社，2019.

[51] 尤尔根·哈贝马斯. 交往与社会进化 [M]. 张博树，译. 重庆：重庆出版社，1989.

[52] 尤尔根·哈贝马斯. 交往行为理论：行为合理性与社会合理性 [M]. 曹卫东，译. 上海：上海人民出版社，2004.

[53] 蓝德曼. 哲学人类学 [M]. 彭富春，译. 北京：工人出版社，1988.

[54] 弗里德里希·尼采. 权力意志 [M]. 张念东，凌素心，译. 北京：商务印书

馆，1991.
[55] 汉斯-格奥尔格·加达默尔. 真理与方法：哲学诠释学的基本特征 [M]. 洪汉鼎，译. 上海：上海译文出版社，2004.
[56] 阿拉斯戴尔·麦金太尔. 谁之正义？何种合理性？ [M]. 万俊人，译. 北京：当代中国出版社，1996.
[57] 塞廖尔·亨廷顿. 文明的冲突 [M]. 北京：新华出版社，2017.
[58] 塞缪尔·亨廷顿，劳伦斯·哈里森. 文化的重要作用：价值观如何影响人类进步 [M]. 程克雄，译. 北京：新华出版社，2010.
[59] 约翰·罗尔斯. 正义论 [M]. 何怀宏，何包钢，廖申白，译. 北京：中国社会科学出版社，1988.
[60] 约翰·罗尔斯. 政治自由主义 [M]. 万俊人，译. 南京：译林出版社，2000.
[61] 赫伯特·马尔库塞. 单向度的人：发达工业社会意识形态研究 [M]. 刘继，译. 上海：上海译文出版社，2016.
[62] 陈先达. 马克思主义和中国传统文化十二讲 [M]. 北京：人民出版社，2023.
[63] 陈先达. 走向历史的深处：马克思历史观研究 [M]. 北京：中国人民大学出版社，2010.
[64] 陈先达. 历史唯物主义与当代中国 [M]. 北京：中国人民大学出版社，2019.
[65] 肖贵清. 制度何以自信 [M]. 北京：中国人民大学出版社，2020.
[66] 肖贵清，车宗凯. 新时代中国特色社会主义制度创新研究 [M]. 北京：人民出版社，2024.
[67] 沈壮海. 文化软实力及其价值之轴 [M]. 北京：中华书局，2013.
[68] 张岱年，方克立. 中国文化概论 [M]. 北京：北京师范大学出版社，2004.
[69] 张岱年，汤一介. 文化的冲突与融合：张申府先生、汤用彤先生、梁漱溟先生百年诞辰纪念论文集 [M]. 北京：北京大学出版社，1997.
[70] 汤一介. 和而不同 [M]. 沈阳：辽宁人民出版社，2001.
[71] 费孝通. 中国文化的重建 [M]. 上海：华东师范大学出版社，2014.

[72] 费孝通，刘豪兴. 文化的生与死 [M]. 上海：上海人民出版社，2009.
[73] 侯惠勤. 马克思的意识形态批判与当代中国 [M]. 北京：中国社会科学出版社，2010.
[74] 侯惠勤，姜迎春，黄明理. 冲突与整合：如何认识我国社会主义改革实践过程对人们思想的影响 [M]. 北京：中国人民大学出版社，2004.
[75] 江畅. 论价值观与价值文化 [M]. 北京：科学出版社，2014.
[76] 李德顺. 价值论：一种主体性的研究 [M]. 北京：中国人民大学出版社，2013.
[77] 李德顺. 我们时代的人文精神：当代中国价值哲学的建构及其意义 [M]. 北京：北京师范大学出版社，2013.
[78] 杨耕. 重建中的反思：重新理解历史唯物主义 [M]. 上海：华东师范大学出版社，2023.
[79] 郭湛. 主体性哲学：人的存在及其意义 [M]. 北京：中国人民大学出版社，2011.
[80] 郭湛. 公共性哲学：人的共同体的发展 [M]. 北京：中国社会科学出版社，2019.
[81] 石云霞. 当代中国价值观论纲 [M]. 武汉：武汉大学出版社，1996.
[82] 梁漱溟. 东西文化及其哲学 [M]. 北京：商务印书馆，2018.
[83] 邵汉明. 中国文化研究 30 年 [M]. 北京：人民出版社，2009.
[84] 司马云杰. 文化价值论：关于文化建构价值意识的学说 [M]. 西安：陕西人民出版社，2003.
[85] 汪信砚. 社会主义核心价值观与当代中国文化软实力研究 [M]. 北京：人民出版社，2018.
[86] 高兆明. 制度伦理研究：一种宪政正义的理解 [M]. 北京：商务印书馆，2011.
[87] 高兆明. 制度公正论：变革时期道德失范研究 [M]. 上海：上海文艺出版社，2001.
[88] 刘同舫. 唯物史观与中国式现代化 [M]. 北京：北京师范大学出版社，2023.
[89] 胡潇. 文化的意识与逻辑：基于唯物史观的解释 [M]. 北京：中国社会科学出

版社，2015.
[90] 孙健. 新时代中国道德治理研究 [M]. 北京：中国社会科学出版社，2021.
[91] 马振清. 国家治理现代化中的道德治理与法律治理 [M]. 北京：中国书籍出版社，2017.
[92] 金颜. 现代化进程中的道德与伦理建构：当代中国社会道德冷漠治理向度研究 [M]. 北京：中国社会科学出版社，2019.
[93] 郭凤志. 德育文化论 [M]. 北京：中国社会科学出版社，2008.
[94] 漆思. 中国共识：中华复兴的和谐发展道路 [M]. 北京：中国社会科学出版社，2008.
[95] 聂立清. 我国当代主流意识形态认同研究 [M]. 北京：人民出版社，2010.
[96] 孙立平. 断裂：20 世纪 90 年代以来的中国社会 [M]. 北京：社会科学文献出版社，2003.
[97] 郭维平. 社会主义核心价值观生成与认同研究 [M]. 北京：学习出版社，2016.
[98] 胡海波，郭凤志. 马克思恩格斯文化观研究 [M]. 北京：中国书籍出版社，2013.
[99] 陈少雷. 文化价值观的哲学省思 [M]. 北京：社会科学文献出版社，2015.
[100] 方旭光. 认同的价值与价值的认同：社会主义核心价值观论 [M]. 北京：中国社会科学出版社，2014.
[101] 李建华. 多元文化时代的价值引领：社会主义核心价值体系建设与社会思潮有效引领研究 [M]. 北京：人民出版社，2012.
[102] 李宏斌，杨亮才. 文化哲学与社会主义核心价值观研究 [M]. 北京：人民出版社，2015.
[103] 裴德海. 从一般价值到核心价值：社会主义核心价值观培育与践行的双重逻辑 [M]. 合肥：安徽教育出版社，2013.
[104] 沈洪波. 全球化与国家文化安全 [M]. 济南：山东大学出版社，2009.
[105] 石芳. 多元文化背景下的核心价值观教育 [M]. 北京：人民出版社，2014.